パターンブロックで「わかる」「楽しい」算数の授業 下学年

1年 ながさくらべ p14

1年 3つのかずのけいさん p26

1年 かたちあそび p32

1年 ながさくらべ p20

1年 かたちあそび p38

1年 たしざんのしき p56

1年 かたちづくり（しきつめ） p50

1年 かたちづくり p44

2年 ひろさくらべ p62

2年 1000より大きい数 p68

2年 かけ算　p74

2年 かけ算　p80

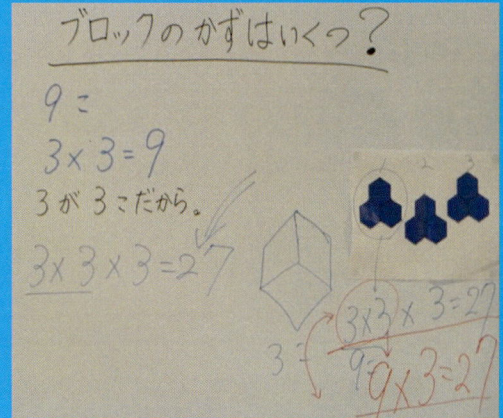
2年 かけ算の活用　p86

3年 あまりのあるわり算の活用　p92

3年 わり算のきまり　p98

3年 分数　p104

3年 分数　p110

3年 図を使って考えよう　p122

3年 表と棒グラフ　p116

3年 トピック　p128

はじめに

　子どもが夢中になって算数に取り組むような授業をつくりたいと，私たち教師は誰しも思っています。しかし，現実には，子どもが夢中になる授業をつくることは，簡単なことではありません。どうしたら子どもが「もっと算数をしたい」と思えるような授業ができるか，その答えの１つに教具がありました。

　本書で取り上げているパターンブロックは，算数の教具です。教具ですが，堅苦しいものではありません。何も言わずにこのパターンブロックを低学年の子どもに渡すと，すぐに夢中になって遊び始めます。色や形，そして手触りに魅力があり，子どもの興味関心を引くのです。

　この教具は，子どもから見ると積木のように見えるでしょうが，実はその形や大きさは，算数の学習ができるようによく考えられています。形づくりをしてみると，敷き詰めが簡単にでき，面白い形をたくさん作ることができます。遊んでいるうちに，自然に図形感覚を養うことができます。

　本書では，このパターンブロックを使った１～３年の算数の授業を20事例紹介しています。どの実践も，子どもたちが夢中になって取り組んだ実践です。ただ楽しく授業をしただけではありません。それぞれの実践は，活動のねらいをしっかり定め，ねらいが達成できるように工夫しています。

　授業事例のバリエーションも豊かです。パターンブロックは，図形の学習に使うものと思われがちですが，実際には，すべての領域で活用することができます。授業事例には，長さや広さを比べたり，分数で表したり，式やグラフに表したりする活動が紹介されています。パターンブロックは，４領域すべての学習に使えるのです。

　昨今，国内外で学力調査が行われ，その結果に教室現場は少なからず影響を受けています。「できる」こと優先の学習が推進され，ややもすると子どもに忍耐を強いる訓練式の学習がなされていることもあるように思います。

　こんな時代だからこそ，授業に子どもの笑顔を取り戻し，教室を明るい雰囲気にすることが必要だと思います。学ぶことが「好き」，算数が「好き」という子どもを育て，その上で確かな学力を身に付けさせることが大切です。

　本書がその一翼を担い，本書の授業事例を生かした子どものための楽しい算数授業が実践されていくことを願っています。

　なお，この本は，東洋館出版社の畑中潤氏の熱い思いがなければ生まれませんでした。この場をお借りして，深く感謝申し上げたいと思います。

盛山隆雄

目次

はじめに 1

第1章 さあ、パターンブロックを始めよう！ 3
さあ、パターンブロックを始めよう！ 4
パターンブロックの魅力を，算数の授業に生かそう！ 6

第2章 パターンブロックで「わかる」「楽しい」算数の授業 13
1　1年：**ながさくらべ**　高さを比べよう 14
2　1年：**ながさくらべ**　どのようにして比べる？ 20
3　1年：**3つのかずのけいさん**
　　　　この色の葉っぱはできるかな？―きまりを見つけてわけを話す活動― 26
4　1年：**かたちあそび**　この形、何だろう？ 32
5　1年：**かたちあそび**　こんなふうに並べたよ 38
6　1年：**かたちづくり**　形を作って遊ぼう！ 44
7　1年：**かたちづくり（しきつめ）**
　　　　同じ形が作れるかな？―図形感覚を育てる形づくりの活動― 50
8　1年：**たしざんのしき**
　　　　この形は、どんな式になるのかな？―式を具体的な場面に結び付ける活動― 56
9　2年：**ひろさくらべ**　広いのはどっち？ 何を「1」にする？ 62
10　2年：**1000より大きい数**　パターンブロックで数を表そう！ 68
11　2年：**かけ算**　ブロック幾つで置けるかな？ 74
12　2年：**かけ算**
　　　　□段のクリスマスツリー ―緑のパターンブロックは何個必要？― 80
13　2年：**かけ算の活用**
　　　　この計算はどうやって求めるの？―かけ算九九を超える計算への挑戦― 86
14　3年：**あまりのあるわり算の活用**　先手・後手どっちが勝つかな？ 92
15　3年：**わり算のきまり**　2位数÷2位数の答えの求め方を考えよう！ ... 98
16　3年：**分数**　1と同じ大きさの分数を考えよう！ 104
17　3年：**分数**　形は違うのに、同じ$\frac{1}{4}$なの？ 110
18　3年：**表と棒グラフ**　ひと目でわかるように比べよう！ 116
19　3年：**図を使って考えよう**　正三角形の大きさを式で表そう！ .. 122
20　3年：**トピック**　サッカーボールに色を塗ろう！ 128

執筆者一覧 134

第 1 章

さあ，
パターンブロックを
始めよう！

さあ，パターンブロックを始めよう！

パターンブロックの基礎情報

　色とりどりの美しい模様。左右対称でどこまでも広がる図形。作業に没頭する子どもたち──。

　パターンブロック（Pattern Blocks）は，アメリカやヨーロッパで広く扱われている学習教材である。日本でもここ数年，多くの学校で採用されているので，ご存じの方も多いだろう。

　本書は，パターンブロックを用いた実践例を詳述しているが，まずはパターンブロックそのものについて簡単に紹介しておく。

【規格】

　パターンブロックは一般的には木製で，黄（正六角形），赤（等脚台形），オレンジ（正方形），青（ひし形），緑（正三角形），白（ひし形）の6種類に分けられている。

　また，大きさは，各辺約2.5cm（等脚台形の長辺は約5cm）で，厚さはすべて1cm，角度は30°の倍数となっている。

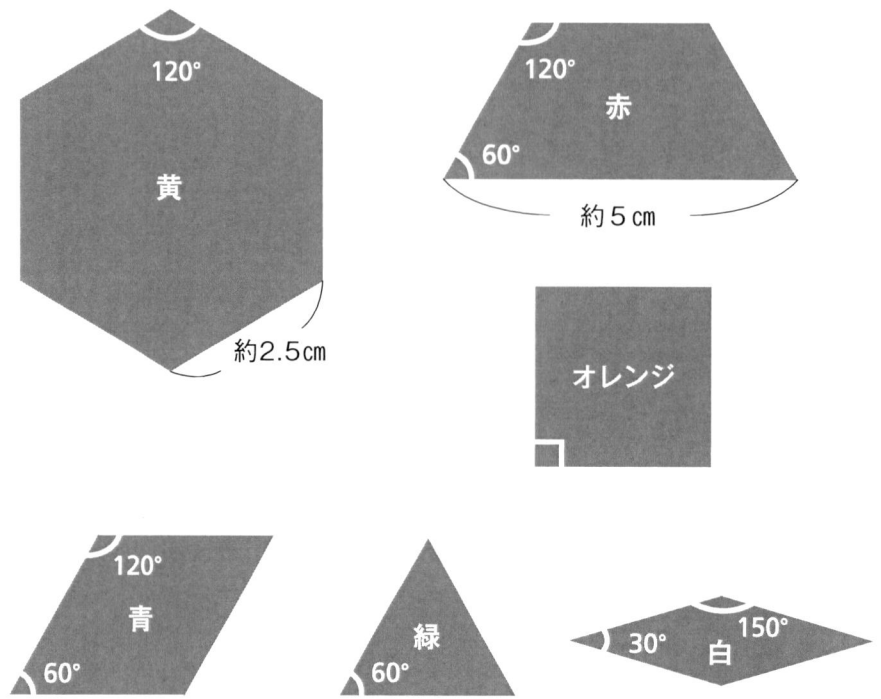

第1章　さあ，パターンブロックを始めよう！

さあ，パターンブロックを始めよう！

　パターンブロックは計算された辺の長さと角度により，美しい敷き詰めや様々な模様を作ることができる。さらに「黄色は，赤の2つ分，青の3つ分，緑の6つ分」といった数量や図形に対する感覚も高めることができる。

【使い方】
　授業の中で個々の机の上で扱うことが多い。理想は1人1セットだが，2～3人で1セットでも問題ない。共同で使う場合は，机を並べてグループで活動させてもいいだろう。
　また，平面の大きな敷き詰め等を作る場合は，スペースをとって教室やオープンルームの床で行うこともできる。

【管理】
　机や床の上にパターンブロックを広げると，その数の多さからか，子どもたちの集中力が散漫になったり，ブロックをなくしてしまうことがある。
　そこで教師は，予めパターンブロックの扱いについて，子どもたちといくつかの約束事を決めておくといい。例えば，簡単なキーワードを作っておいたり（トマト…ト：とらない・マ：まぜない・ト：とりあわない　など），ケースの置く位置を決めるなどしておくと，授業を円滑に進めやすい。

【販売】
　パターンブロックは用途に合わせて各種販売されている。参考までに東洋館出版社で取り扱われている商品を紹介しておく。

1. パターンブロックP250
　（250ピース・角型プラスチックケース入り・4,725円）

2. パターンブロックファーストステップボックス
　（150ピース・タスクカード・解説書・化粧ケース・3,990円）

3. パターンブロック入門パック
　（50ピース・1,575円）

4. 教師用マグネット付きパターンブロック
　（ウレタン製・1辺3インチ・49ピース・角型プラスチックケース入り・8,400円）

パターンブロックの魅力を，算数の授業に生かそう！

1．子どもたちを夢中にさせる魅力 —形づくりの活動を通して—

　パターンブロックは，楽しい算数の授業を作ることができる教具である。楽しいとは，子どもの知的好奇心を満足させることであり，子どもが夢中になって考えることができることを意味する。積木で遊んで楽しいという意味だけではない。

　このパターンブロックの魅力は，１つには，敷き詰めが簡単にできることである。それぞれの図形を構成する角度が30°の倍数になっているためである。

　右の写真は，６年生が正六角形のブロックを敷き詰めている場面である。

　本当は，こんなに大きくする予定ではなかったのだが，子どもたちは，作業をとめなかった。
「先生，もっとやりたい」
と言い出し，放課後まで作業を続けた。

　この作業は，本来は黄色のブロックを三角形状に□段に積み上げた時の，ブロックの個数を数える問題であった。

　子どもたちは，その数え方のきまりを見出し，式で一般化までできていた。

　しかし，もっと三角形を大きくして，数えてみたいと言い出したのである。

　結局131段の三角形を作り，3000個近いブロックの数を計算によって数えた。知的好奇心を満足させた瞬間であった。

　このように１種類，または２種類といった限られたパターンブロックで敷き詰めを行い，平面に広がっていく様子を味わうのも面白い。一方で，いろいろなパターンブロックを組み合わせて，自由に美しい模

第１章　さあ，パターンブロックを始めよう！

パターンブロックの魅力を，算数の授業に生かそう！

様を作るのも楽しいものである。低学年の子どもには，一度はその敷き詰めを経験させて，自分で作る喜びや，図形の美しさを味わわせてあげたい。

　例えば，右のような模様は，自由に敷き詰めを行った結果である。対称性を有する美しい図形に仕上がっている。

　この円に近い正多角形の中心部分には，ひし形が12個集まっている。30°×12＝360°で，敷き詰められている。

　その下の写真は，1年生が形を作っているところである。同じ種類のブロックを敷き詰めて，同じ形（拡大図）を作っている。

　このように，パターンブロックを敷き詰めることで，様々な美しい形を作ることができる。

　これが，パターンブロックの最大の魅力であり，子どもたちを夢中にさせる理由である。

　パターンブロックで平面の敷き詰めや図形の構成を自由に行わせると，子どもたちは，必ずと言っていいほどきれいな形を作ろうと工夫を始める。

　そのきれいな形とは，左右対称であったり，点対称であったりする形である。

　子どもたちは，自然に図形の対称性に目を向け，それを美しいと感じて作ろうとするのである。

　このように考えて，子どもの形づくりを見ると，対称だけでなく合同や拡大図，縮図といった視点でも形を見直すことができる。

　例えば，右の写真は，黄色の正六角形のブロックを除いて，他の形は，もとのパターンブロックの拡大図になっている。

　パターンブロックを用いた操作活動は，図形の概念形成に生かすことができるということである。

　本書の4～7の実践事例は，1年生の形遊びを通して図形感覚を養うことをねらいとしている。タスクカード（形のシルエット）にパターンブロックを当てはめて形を作るのは，パズルのようで面白い。低学年でこの「形づくり」の活動を行うと，図形の学習，算数の学習を好きになるにちがいない。

7

2.「数と計算」の学習でも使えるパターンブロック

　パターンブロックは，数と計算領域の授業にも活用できる。本書には，1年生の「3口の計算」，2年生の「1000より大きい数」，「かけ算の導入」，「かけ算の活用」，3年の「あまりのあるわり算の活用」，「わり算のきまり」，3年生の「分数」といった内容の授業が紹介されている。

　その中で，「3口の計算」の授業でどのようにパターンブロックが使われたのかを簡単に紹介する。

　まず，右のように黄色の正六角形3つを黒板に提示し，机の上に同じように置くように指示した。黄色の正六角形のパターンブロック3つが子どもの机上に置かれた。このとき「使ったパターンブロックは全部でいくつでしょう」と問題を出した。個数が3個であることは見ればわかるのだが，これを「1＋1＋1＝3」と式におくことを約束した。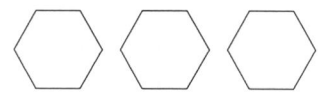

　今度は，「この形を赤色にすることはできるかな？」と投げかけた。子どもたちは，「できるよ！」と言いながら，赤色の台形のブロックを使って，次のように形づくった。

　台形2つで正六角形が作れることに気付いたのである。「何個でできたのかな？」と聞くと，「2＋2＋2＝6で6個です」という返事が返ってきた。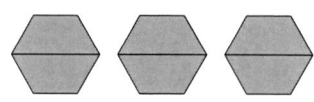

　次に，「今度は青色にできるかな？」と問うた。青色のブロックは，ひし形である。何とかそのひし形で正六角形を作ろうとした。しばらくして「できた！」という声が上がった。右のように形ができたのである。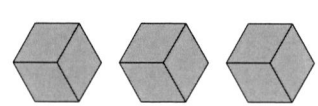

　「全部で9個だ」「3＋3＋3＝9だね」といった発言が出たので丁寧に板書していった。

　正六角形1つのブロックの個数が，1，2，3と増えてきたので，子どもから「次は4個でしょ」という発言が出た。そこで「それでは，4個になる形を作ってみよう」と投げかけた。子どもは，残っているブロックの色から「今度はオレンジ（正方形のブロック）かな」と言ったが，正方形のブロックでは，正六角形は構成できない。試行錯誤して，2色のブロックを使えば4個や5個で正六角形ができることに気付いていった（本書で紹介する3の実践事例では，4個と5個の場合は扱っていない）。

　このような展開で，1つの正六角形が4個の時，5個の時，6個の時と，右のような形が順に作られていった。

　できた形を式に表現すると次のようになったのである。

「1＋1＋1＝3」　「4＋4＋4＝12」
「2＋2＋2＝6」　「5＋5＋5＝15」
「3＋3＋3＝9」　「6＋6＋6＝18」

　これを見て，ある子どもが言った。「3ずつ増えているよ！」この発見に対して，「何が3ずつ増えているのかな？」と言って，隣の子どもと話し合いをさせた。その結果，子どもたち全員が，答えが3ずつ増えていることに気付いたのである。

次に，ある子どもが「どうして3ずつ増えているのかな？」と呟いた。この問いを全員で考えることにした。次のような説明を子どもが考えた。

「式のこちら側（左辺）を見ると，それぞれの数が1ずつ増えている。合わせて3増えるので，答えも3増える」といった説明である。さらに「この説明を，ブロックでできるかな？」と投げかけ，ブロックの中に増えた3を見つけさせた（右図の○をしたブロックが増えた3であると子どもは説明した）。

子どもたちが納得したところで，「もしも」という言葉を使って，問題を発展させた。

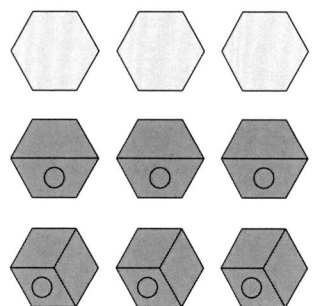

発展には，2通りの方向があった。1つは，7＋7＋7，8＋8＋8…と広げていく方向である。答えが3ずつ増えるので，計算しなくても数えたすことで答えを導くことができる。

もう1つの方向は，項を4つにすることだ。本書で紹介する3の実践事例では，正六角形のブロックの絵を1つ加えて，4つずつにした。すると，「1＋1＋1＋1＝4」「2＋2＋2＋2＝8」「3＋3＋3＋3＝12」…という式ができていったのである。このときに，ある子どもが，「4ずつ増えるよ」と言った。どうしてそう思ったのか理由を聞くと「3つの式の時は3増えたのだから，4つの式は4増えると思った」と話した。3項の時の考えから類推して，4項の式でも同じように答えが増えるだろうと考えたのである。授業では，このような考え方をすることが大切であることを改めて子どもたちに伝えた。

パターンブロックの個数を数えるという課題から，3口の計算を導いた。そして，きまりを見つける方向にいった。このような使い方をすれば，パターンブロックで作った図形は，式や計算の様子を表す図としての役割をもつのである。数と計算領域におけるパターンブロックの役割は，その点にある。パターンブロックは，子どもの理解を深めるための教具として意義をもつ。

最後にもう一つ，数と計算領域にかかわるパターンブロックの特徴について述べておく。黄色の正六角形のブロックは，他の色のブロックで作ることができるという関係についてである。

赤の台形のブロック2個，青のひし形のブロック3個，緑の正三角形のブロック6個で正六角形を作ることができる。（右の写真を参照）

この関係から，例えば分数の指導が可能になる。黄色の正六角形のブロックの大きさを1とすると，赤の台形のブロックは$\frac{1}{2}$，

青のひし形のブロックは$\frac{1}{3}$，緑の正三角形のブロックは$\frac{1}{6}$という大きさになる。このことから，パターンブロックを使った分数の実践は数多くなされている。本書では，16や17の実践が分数を扱ったものになっている。

3.「量と測定」の学習でも使えるパターンブロック

本書の1と2の実践事例は，1年生の長さ比べの授業である。この2つの事例とも，子どもが夢中になって活動する様子がわかる。

パターンブロックを積み上げて行う高さ比べと，蛇のように平面上にパターンブロックをつなげて行う長さ比べの実践が紹介されている。

これらの活動の特徴は，パターンブロックを使って，比較する対象を子どもに作らせることである。教師が用意したものに対して「これとこれはどちらが長いでしょう」と問いかけるのではない。自分たちで作ったもので高さや長さを競うのだからなおさら本気度は増す。

パターンブロックは，すべて厚さが同じである。そのため，パターンブロックを積み上げた高さは，結局パターンブロックの個数に依存することになる。これは，任意単位による比較に結びつく。

面白いのは，パターンブロックの厚さは1cmであることから，積み上げたパターンブロックが34個であれば，高さは34cmとわかることである。普遍単位の指導にもつながるので，高さ比べは，1年生や2年生の長さの指導にもってこいの素材といえる。

また，パターブロックを使って広さを比べる授業を楽しく行うことができる。2の「ひろさくらべ」の実践がそうである。見た目ではどちらが広いか判断できない形でも，パターンブロックでそれらの形を作ることによって，比較するヒントを得ることができる。

緑のブロックの広さを1とした場合，青が2，赤が3，黄色が6となる。この数を生かして広さを数値化して比較するのである。緑，青，赤，黄色の4種類のパターンブロックで形を作ることが出きれば，広さを緑何個分に置き換えて数値化できる。これは，任意単位による比較の学習である。

この緑，青，赤，黄色の4種類のパターンブロックの大きさの関係は，分数の指導のところでも紹介した大きさの関係である。

4.「数量関係」の学習でも使えるパターンブロック

パターンブロックで作った形を式に表したり，式を読んでさらに図形を構成したりする活動は，数量関係の学習である。本書では，8や18，19の実践事例がそれにあたる。

8と19の実践では，緑のブロックの大きさを1として式を作らせている。

右の写真は，1年生に行った授業の板書の様子である。例えば，青のひし形のブロック3つで作った形は，2＋2＋2＝6と表現されている。

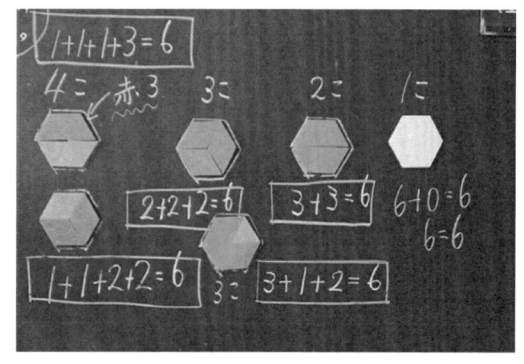

　下の写真は，3年生の実践の中で子どもが作った形である。この形は，1×3＋6×1＝9と式に表現されている。
（加法と乗法が混合した式表現の仕方を指導済みの学級）

　このようにパターンブロックで構成したものを，式に表現する学習を行うことができる。その活動に慣れると，例えば，「1×2＋2×2＋3×1＝9の形ができるかな？」と問うて，式を使って図形の構成を促すこともできる。

　このように，どの領域でも授業に生かせるパターブロックの魅力は尽きない。

5．パターンブロックと夢の算数授業

　1年生から3年生の時期は，手を使って算数をすることが大切である。頭で考える以上に，手を使って考えることである。「体得」という言葉が，このころの子どもの学びに相応しい。

　算数は，教えられるものではなく，子ども自ら創造するものである。算数とは，公式や筆算の手順を覚えてテストで点数をとるための教科ではなく，時には試行錯誤したり，既習を使ったりして，本気で問題解決をする教科である。算数とは，机上で考えるだけでなく，操作活動をしながら考える教科である。算数とは…。

　このように「算数とは」から始まる言葉を考え，理想の算数の授業について語ってみる。この理想像に近づくために，パターンブロックは1つの強力な助っ人になると考える。子どもの意欲をかきたて，子どもに数学的な考え方や数学的な見方，そして美しさを味わわせ，子どもに深い理解を促す。

　私たち教師は，理想とする算数授業，夢の算数授業の姿を頭に描き続けることが大切である。パターンブロックは，その夢に近づくために使うというスタンスをもっていたいと思う。

第 2 章

パターンブロックで「わかる」「楽しい」算数の授業

1   1年　ながさくらべ

高さを比べよう

1. 活動のねらい

　　第1学年の「ながさくらべ」の単元で，高く積んだパターンブロックの高さ比べを行う。それぞれの班（または個人）で作ったパターンブロックのタワーの高さ比べをするために，どんな方法で比べればよいかを考え，実際に比べてみる。基準となるパターンブロックを決めて，幾つ分で考える任意単位の考え方や，筆箱，ノート，紙テープなどを用いて高さを写し取る間接比較の考え方を期待したい。

　　この活動でパターンブロックを使うよさは，高く積むことで崩れやすくなり，タワーを移動して直接比較することが難しいという点にある。動かさずに高さ比べをしなければならないことと，形や大きさ，積み方が違うので単純にブロックの数では比較ができないことから，自然と身の回りのものを利用した間接比較や，使っていないブロックを基準にして，「○色のブロック幾つ分」で比較する任意単位の考え方につなげることができる。

2．活動のポイント

指導計画は，以下のとおりである。

1．ながさくらべ①　パターンブロックで高いタワーを作って，高さに順位を付けるためにはどうやって比べればよいかを話し合う。身の回りのものを使って高さを写し取ったり，他のブロックを使って○○の幾つ分で比べる任意単位の考え方に気付き，実際にやってみる。倒れやすいタワーの高さを測り取るには，倒して比べた方がよいことにも触れる。

2．ながさくらべ②　身の回りのものを使って，いろいろなものの長さ比べをする。

3．ながさくらべ③　班でパターンブロックを使って竜やヘビなど，テーマを決めて長くて曲がりくねったものの作品を作る（本実践では，干支にちなんで竜を作った）。どの作品が一番長いかを決めるための方法を考える。これまでとは異なり，真っすぐではないものの長さをどのように測り取るかの工夫を話し合う。

4．ながさくらべ④　自分の身長と同じ長さに測り取ったひもを持ち歩き，いろいろなものと長さ比べをする。今までは背比べといえば「高さ」だけでしか比べられなかったものを，間接比較の方法を使えばいろいろなものと長さ比べができるよさを知る。

● 子どもたちが好きなパターンブロックの遊びを取り入れて楽しく活動！

普段，子どもたちにパターンブロックで自由に遊ばせていると，必ずといってよいほど高く積んで遊ぶ子が見受けられる。低学年の頃は，敷き詰めなどの模様づくりよりも立体的な形を作ったり，高いタワーを作って遊ぶ傾向が強い。また，長さ比べについても，日常生活では背比べをはじめとし，鉛筆の長さ比べでも机に立てて比べる「高さ比べ」が自然と身に付いている。子どもたちにとって，目的がはっきりしないストローやひもの長さ比べよりも，生活の中で経験が多い高さ比べで導入する方が自然である。高く積む遊びを取り入れ，高さ比べをする場面で本単元の導入を行う。

● 子どもたちの自由な気付きを大切にし，経験させる

長さ比べの単元では，主に直接比較から始まり，間接比較，任意単位の考えを学び，第2学年で普遍単位へと進む流れになっている。しかし，実際に長さを比べる場面では，目的に応じて比べ方も変わってくる。パターンブロックを使った高さ比べの教材では，間接比較と任意単位の考えのどちらも子どもたちから出てくるが，教師の都合で流れを決めるのではなく，子どもたちの気付きや発想を大切にし，たくさん経験させたい。

3．活動の展開

1．班で協力して高いタワーを作ろう

まずは，パターンブロックを高く積むゲームを行う。時間を決め（3分程度がよい），3～5人の班で協力してブロックを積んでいく。

「より高いタワーを作った班が優勝」「ブロックはどのように使ってもよい」ということを伝え，活動をスタート。

ここでのポイントは，各班にパターンブロックを1ケースのみ渡しておくことである。高いタワーを作ろうとする時，子どもたちは経験上できるだけ大きなブロックを使おうとするため，六角形のブロック（黄）に偏りがちである。個数にある程度限りがある方が，いろいろな種類のブロックがタワーに混ざり，後の話し合いが深まる。また，積み方についても教師からできるだけ指示をせず，自由に積ませた。

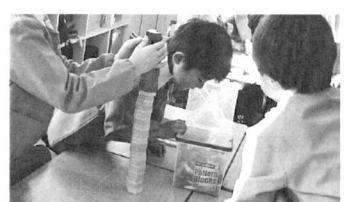
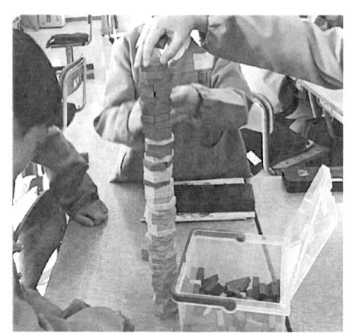

2．どこの班のタワーが一番高いのかな

でき上がったタワーを全員で見渡して，どこが優勝か決める。見渡した後に，全員で一斉に自分が1位だと思う班のタワーを指さす。各班のタワーの高さに大差がない場合は，大抵ここで意見が分かれる。見ている場所が異なるため，遠くのタワーが多少低く見えるためである。動かせない状況があるからこそ，間接比較や任意単位による比較のアイデアが生まれるのである。

意見が分かれたところで，個人の感覚や見る場所によって感じる高さが人それぞれ異なることを確認し，どうすれば全員が納得する高さ比べができるかと投げかけ，次の話し合いに移る。ただし，ここで明らかに1つの班だけ高いタワーができている場合は，2位，3位を決定するなど，順位付けをする方向に話を進めていくとよい。

3. どうやって比べればいいかな 1

　全員が納得できるような高さ比べの方法を話し合う。これまでに，数による大小比較は行っているため，まず出てくるのは，「使ったブロックの数で比べる」ことである。形の異なるブロックでも厚みが同じため，1枚ずつ同じ向きに重ねていった班（右の写真）は枚数でも比べられると考えやすい。一方，所々でブロックを立てて使っている班（下の写真）もある。このような班は，枚数で比べると当然不利なので，枚数では比較できないことを主張してくるはずである。

　また，タワーを作る際に，安定させるためにタワーの下にさくを作ったり（右中の写真），六角形（黄）の代わりに台形（赤）を2枚合わせて六角形を作っている班（右下の写真）は，高さに関係ないところでブロックを使用しているため，同様に枚数では高さ比べができないことを主張するだろう。

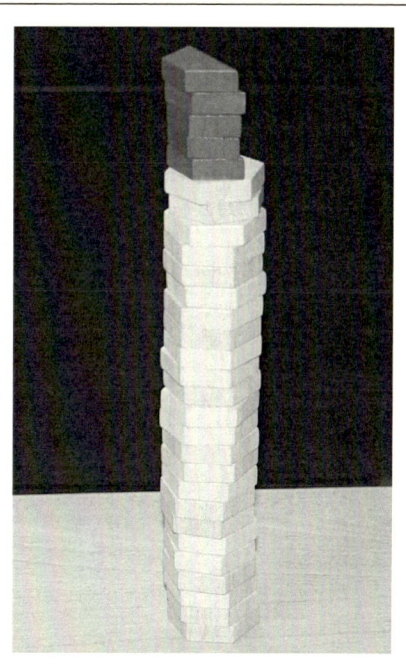

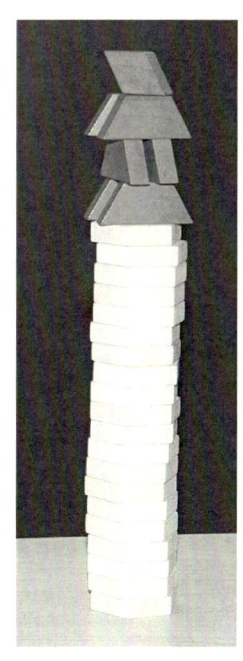 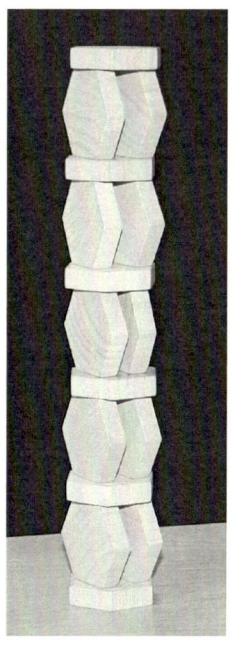 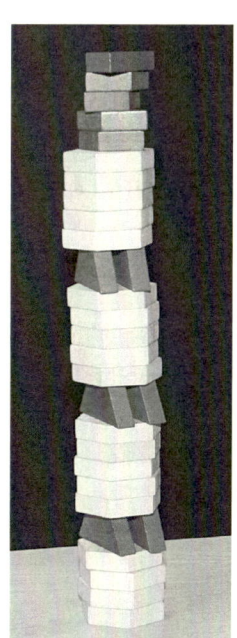 

4．どうやって比べればいいかな2

　直接比較や，枚数での比較ができないため，別の方法を探す。子どもたちが次に目を付けたのは，まわりにある余ったブロックであった。一番大きい六角形のブロックをタワーの横に立てて積み，全体の高さを黄色のブロック幾つ分に置き換えて比べる任意単位の考えである（写真）。この意見にはすべての子どもたちが賛成したが，黄色のブロックはほとんどがタワーに使われていて足りなかったこと，積んでも倒れやすいことから，ノートや筆箱など身の回りのものを使って測る考えが出てきた。

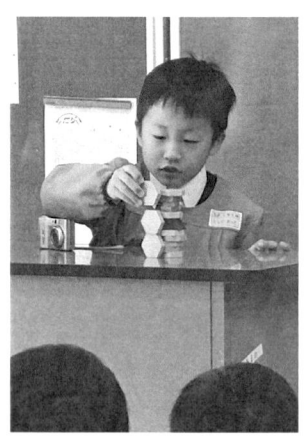

　一方，ノートや筆箱では大きすぎて「幾つ分」にならない班もあった。「筆箱のどこら辺か印をつければいい」という子どもの意見から，話し合いは間接比較の考えに移っていった。最後は，教師から筆箱やノートの代用品として，メモが取りやすい紙テープを与え，実際に測る活動に移った。実際に比べるものを目の前にすると，子どもたちはとても柔軟にいろいろなアイデアを出す。教師から「このように比べます」と提示するのではなく，まずは自由に話し合わせることでよりよい方法を考えさせたい。一方，紙テープを使った間接比較は，経験のない子どもたちからは出てきづらい。間接比較の考え方が出てきたところで，教師から提示する。

5．実際に比べてみよう

　高さ比べの方法が決まったら，実際に自分たちの班のタワーの高さを測ってみる。ブロック幾つ分で比べる方法，または，紙テープなどで印をつけて直接比較する方法など，皆が納得した方法を試す。その際，測り取る時の注意点として，次のことは全体で確認しておきたい。

【ブロック幾つ分で比べる】
・同じ色のブロックを使うこと（基準をそろえなければいけない）。
【紙テープに印をつけて比べる】
・端をタワーの一番下にそろえること。
・テープは真っすぐにぴんと張ること。

　話し合いの流れにもよるが，できればどちらの方法でも結果が同じであることを経験させたい。また，この活動では4～5人の班に対してタワーが1つなので，実際に長さを測り取る子は2人程度と限られてしまう。班での活動後に今度は各班で個人戦を行い，できれば全員が必ず経験できるように配慮したい。

4．発展的な扱い

● 真っすぐではない長さを測る

　この活動では高さを扱っているが，この他にも発展的な扱いとして，真っすぐではないものの長さを比べる活動が考えられる。例えば，班ごとに「できるだけ長い竜（ヘビでもよい）を作ろう」と投げかけ，作品づくりをした後に，どの班の竜が一番長いかを考えさせる。この場合も，竜の足や顔など長さには関係ないところにブロックを使っていることが多く，単純に数だけでは比べられない状況が生まれる。また，真っすぐではないために筆箱やノートを使った長さ比べができない。ひもや紙テープなどを使うよさ（曲がっているものも長さを測り取って真っすぐにできる）を実感すると同時に，見た目にパッとわからない長さを比べる面白さがある。

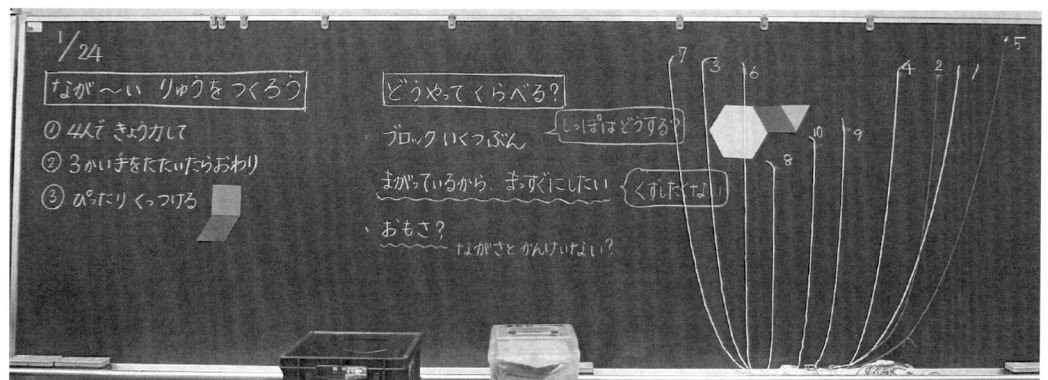

● ブロックを積み上げる活動

　遊びの場面でも，高く積み上げる競争は子どもたちが好んで行っている。今回は，長さの単元での活動を紹介したが，他にも第2学年のたし算やかけ算でも，積み上げの活動を扱うことができる。

　例えば，たし算では，制限時間を決め，隣の人とペアになって積み上げたブロックの数の和が大きいチームが勝ちというゲームにする。結果を知るために，どのような計算をすればよいか考える場面を，2桁のたし算の導入に取り入れるのである。

　また，かけ算では，5の段くらいまで（6の段以降は，数が大きくなるため積み上げが困難）の答えの数だけ順番にブロックを同じ向きに積んでいき，階段上に並べる（3の段であれば，3枚，6枚，9枚，12枚…という具合に）。でき上がった階段を観察することで，それぞれの段の答えの増え方を視覚的にとらえさせることができる。でき上がった2の段と3の段を合わせて，5の段と同じ高さの階段ができるか試してみるのもよい。

1年　ながさくらべ

どのようにして比べる？

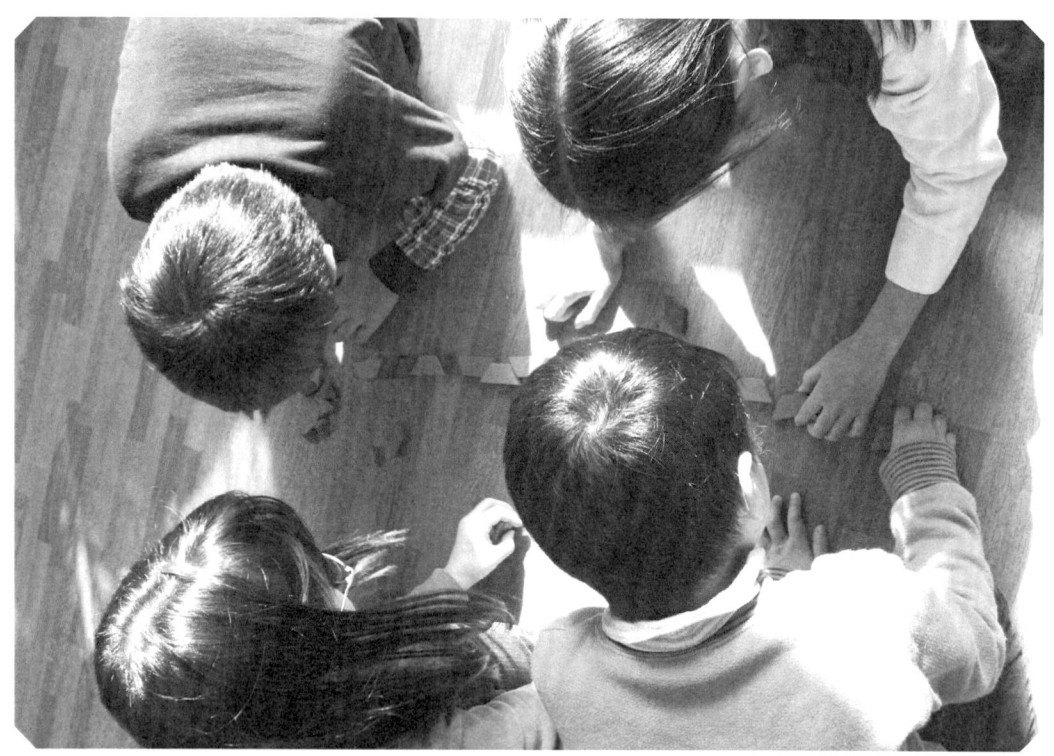

1. 活動のねらい

　　長さの比べ方は，パターンブロックを使った算数的活動を通して，楽しみながら考えることができる。
　　第1学年では，量の意味や測るということの意味を理解する上での基礎的な経験をさせることが求められている。長さでは，長さの意味，直接比較，間接比較，任意単位による測定といった比較・測定の方法について，操作活動を通して理解させることが大切である。
　　パターンブロックを用いることで，子どもたちが長さを比べてみたい，測ってみたいという場面を作ることができる。パターンブロックを高く積み重ねたり，長くつなげたりする活動を通して長さの意味をとらえさせるとともに，必然性のある比較・測定の場面を設定することができると考えた。
　　また，パターンブロックは，正三角形を基に作られている形があるので，それらの形を使うことで，正三角形の幾つ分という表し方に気付かせることができる。

2．活動のポイント

● 必然性のある場面を！
　パターンブロックを使って，2つの場面を作った。「タワーチャンピオンを決めよう！」では，パターンブロックを積み重ねていき，一番高いグループが勝ちとする。「スネークチャンピオンを決めよう！」では，パターンブロックをつなげていき，一番長くつなげられたグループの勝ちとする。比べ方が直接比較では難しく，より簡単な方法としてブロックの数を数える任意単位による測定の場面を生み出しやすいと考える。

● もとにするものを決める！
「タワーチャンピオンを決めよう！」の場合
　高く積み重ねたタワーをどのように比べるかを考えさせると，子どもたちは「並べてみる（直接比較）」と言う。しかし，「崩れてしまうよ」という意見が出て，必ず「ひもを使って比べる（間接比較）」か「ブロックの数で決める（任意単位による測定）」という意見が出るはずである。話し合いを通して，より簡単な方法として「ブロックの数を数える方法」に落ち着く。

　パターンブロックには様々な形があるが，厚さはどれも同じである。したがって，積み重ねたブロックの数を数えていくと数値化できる。子どもたちの中には，1段に2つ使ったものを2と数え間違いをする時もある。そんなときでも，基準量の幾つ分について理解を深めるチャンスととらえ大切に扱いたい。

「スネークチャンピオンを決めよう！」の場合
　パターンブロックのひし形と台形は，正三角形を基にして形が作られている。それぞれ，正三角形の2個分，3個分となっている。タワーチャンピオンの活動経験から，できたスネークの長さを比べる方法として，「さんかくが幾つあるかで比べる」という発想が出てくるはずである。

　正三角形をスネークに重ねたり，正三角形1つを順にスネークに当てて数えたりして数値化するものと考えられる。

3. 活動の展開

1. スネークチャンピオンを決めよう

（タワーチャンピオンの学習後）
「次の勝負は，どんなチャンピオンを決めようか？」と問いかけると，子どもたちは，「もう1回戦やる」や「積み方を変えてもう1回」などと反応してくる。また，子どもたちの中から「長くつなげてみたい」という発想も自然と出てくる。その声を拾って「スネークチャンピオン」を決める競争をすることにする。

ルールは，子どもたちと一緒に決めていくとよい。タワーチャンピオンを経験しているので，時間制限やブロックの置き方，使うブロックの種類なども自分たちで決めることができる。

2. どの形を使ったら一番長くつなげられるかな（作戦タイム）

6種類のブロックをすべて使うことも可能であるが，この時間は，正三角形の○個分という任意単位で数値化するよさに気付かせようと考えたため，

・正三角形（緑）
・ひし形（青）
・台形（赤）

の3種類だけとして進める。

この後，1分間の作戦タイムを取る。
「赤（台形）をたくさん集めよう」「ぼくは，赤。○○さんは，青（ひし形）を集めてね」という声が聞こえてくるとよい。すかさず，「どうして赤をたくさん集めようと考えたの？」と問いたい。

3. スネークチャンピオン，スタート

　並べるブロックが曲がらないようにタスクカードを用意する。
　子どもたちは，真剣である。
「どんどん赤を持ってきて！」
「そっちから青をつなげて。こっちは赤をつなげるから」
「もう，赤がないよ」
「次は，緑をつなげて」
　たった1分間の中で，どうしたら長くつなげて勝てるかというつぶやきがたくさん出てくる。その声を拾って次の話し合いの場にのせていく。

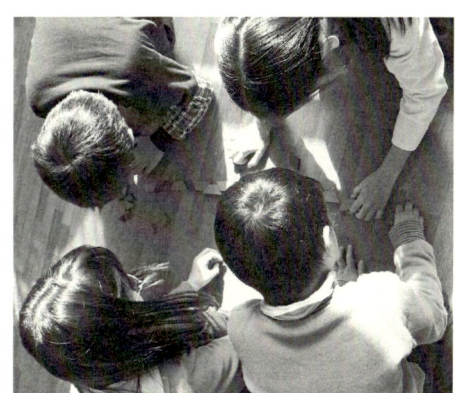

4. どのグループが一番長いかな

　どのグループもだいたい同じぐらいの長さのスネークになる。タワーチャンピオンの時と同様に，どうしたら比べられるか話し合いをする。子どもたちから，次のような意見が出てくる。
「全部並べて比べればいいよ」「面倒くさいよ」
　直接比較をしようという意見であるが，でき上がったスネークを崩して移動させるのは手間がかかるので，もっとよい方法がないか考えるようにする。なかなか子どもから意見が出ない時は，グループでつなげていた時にどうして赤（台形）をたくさん集めようと思ったのかと問う。赤が一番長く，緑の3つ分であることに気付かせるためである。また，タワーチャンピオンの時の方法を想起させるようにするのもよい。
「ひもがあれば比べられるけどなあ」
「あー！　いい方法を思いついた！　これ見て（正三角形をひし形に重ねている），2つ分でしょ。これ（正三角形）が幾つ分か数えればいいよ」
　正三角形を任意単位（基準量）としてその幾つ分かでスネークの長さを表そうとしている。
　並べて直接比べたり，ひもを使って比べたりしなくても，基準となるものがあれば，手間がかからず数で表し比べられることのよさを感じられる。

4. 子どもの活動

タワーの高さを数える場面

スネークの長さを数える場面

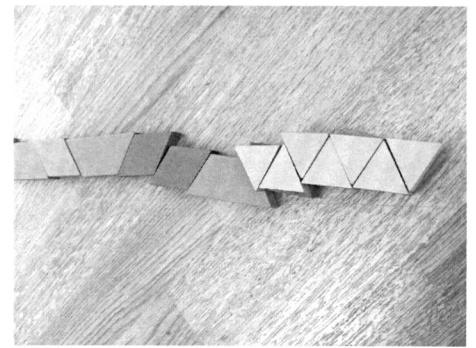

ねん　くみ　なまえ

スネークチャンピオンをきめよう！

かみをはみだして、まっすぐ、どんどんつなげよう！

3　1年　3つのかずのけいさん

この色の葉っぱはできるかな？
―きまりを見つけてわけを話す活動―

1．活動のねらい

　　　　正六角形の形3つを葉っぱに見立てて，いろいろな色の葉っぱを作る活動を行う。秋の葉っぱは黄色や赤，春になると青や緑の葉っぱに変わるという文脈で形づくりを行った。
　　　　その際，3つの形を式に表現しておく。このときの式の数は，ブロックの個数を表している。
　　　　黄色の3つのブロックがそのまま3枚の葉っぱを表している時は，「1＋1＋1＝3」になる。赤のブロックで3枚の葉っぱを表すと，「2＋2＋2＝6」になる。青のブロックで3枚の葉っぱを表すと，「3＋3＋3＝9」，緑のブロックで3枚の葉っぱを表すと「6＋6＋6＝18」となる。
　　　　黄色，赤，青と形を作り，式に表していくと，子どもはきまりを見つけ始める。「式を見ると，答えが3ずつ増えている」といったことである。
　　　　そのわけは，式の各項に着目して，「葉っぱのブロックの数が1ずつ増えているから」と説明することができる。
　　　　このように，帰納的な見方や演繹的な考えを子どもに身に付けさせることがねらいである。

2．活動のポイント

　3枚の葉っぱを様々な色で作り，それを式に表現する活動をする。この活動のポイントを3つ挙げる。

● 枠組みを決めて正六角形を作る

　1つ目のポイントは，正六角形を作るのは，子どもによっては困難を感じるので，黄色のブロックの上に作るように促すことである。枠組みが決まっていて，それに当てはめるようにブロックを置くと，比較的簡単に正六角形を作ることができる。

● ブロックの個数を数に表して式化する

　もう1つは，式表現のルールを確認することである。今回は個数を式に表すので，例えば，黄色のブロックも赤のブロックも同じ1である。子どもの中には，大きさが異なるので，同じ1として表すことに違和感を覚える子どもが出るかもしれない。

　ブロックを大きさ（面積）でとらえると，黄色が1とすると，赤は$\frac{1}{2}$になる。青は$\frac{1}{3}$である。

　授業者は，このことを知った上で，式に表す時にしっかりルールを確認する必要がある。

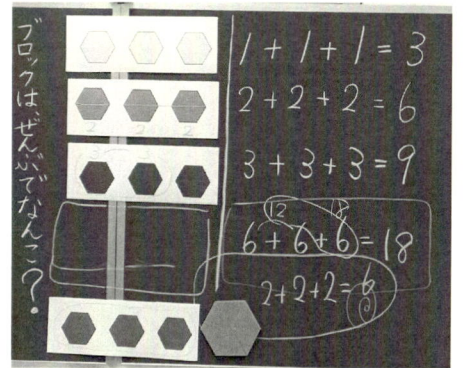

● 問題を発展させて，類推する

　「もしも葉っぱが4枚だったら…」という形で問題を発展させる。

　このときのポイントは，葉っぱが3枚の時のきまりや説明を，4枚の時に使うことができるかということである。

　「同じようなきまりがあるかな」「同じように説明できるかな」と考えさせることで，類推的な考えを伸ばすのである。

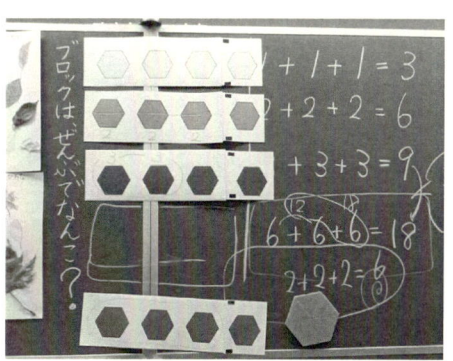

3．活動の展開

1．葉っぱを作ろう

　総合の時間に落ち葉を利用して絵を作った。その絵を見せるところから授業はスタートした。

　黄色のブロックを見せて，「これを落ち葉としますね」と言った。それから「3枚の落ち葉を黄色のブロックで並べてみましょう」と指示して，手もとにブロックを置かせた。

　そして，これを「1＋1＋1＝3」と式で表すことを約束した。

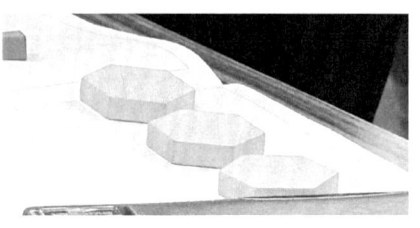

2．いろいろな葉っぱを作る

　「よし，次は，赤色の葉っぱを作ってみよう」と投げかけた。すぐに「できた！」という声が上がり，手もとに赤の葉っぱを子どもたちは作った。その式は「2＋2＋2＝6」である。

　さらにその後，「春になりましたよ。葉っぱの色が青に変わります。作ってみよう」と続けた。

　青色のブロックでの正六角形は難しい様子だったが，黄色のブロックの上にのせながら作ると簡単に作ることができた。このときの式は，「3＋3＋3＝9」になる。

　続いて，子どもたちに「春には，緑の葉っぱでいっぱいになるね。緑色の葉っぱにしてみよう」と伝えた。

　緑で作ると，「6＋6＋6＝18」である。右下の写真のように，1つ分の葉っぱの式を「2＋2＋2＝6」と表した子どももいた。

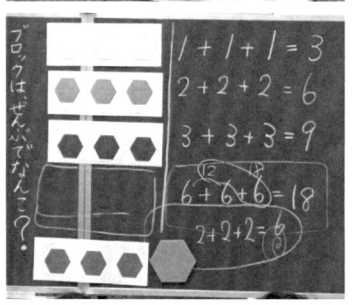

3．きまりを見つけよう

板書を見てみると，「3＋3＋3＝9」と「6＋6＋6＝18」の間が空いている。そこに入る式が見え始めた子どもがいた。

「どんな式が入るのかな？」と尋ねると，ほとんどの子どもが，「4＋4＋4＝12」「5＋5＋5＝15」を言ったのである。

「どうしてわかったの？」と問うと，「上の3つの式を見ると，式の数（各項）が1ずつ増えているから」と答えた。

さらに答えを見て「3ずつ増えている」といったきまりを見つけた子どもがいて，みんなでそのことを確認した。

ここで「どうして3ずつ答えが増えるのかな？」とみんなに投げかけ，しばらく説明を考えさせた。子どもたちの説明は，やはり式の各項の数に着目したものだった。

「1から2に1増えて，2から3に1増える」「式のどの数も1ずつ増えるから，答えが3増える」「3個の数字の式だから答えは3増える」といった言葉が出てきた。

1年生にしては，十分な説明であり十分な理解だと感じた。

4．問題を発展させると…

続いて，「もしも葉っぱが4枚だったら…」と問題を発展させた。

3枚ずつの葉っぱが4枚ずつだったら，どんな式になるかを考えたのである。

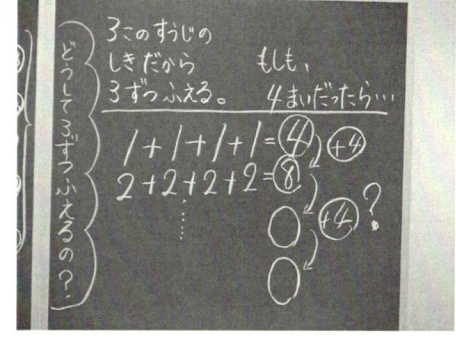

写真のように，答えが4ずつ増えるということに気付いたり，なぜ4ずつ増えるのかを説明したりする展開になった。

子どもは，3項の時と同じように説明すればいい。

帰納的に発見したことを演繹的に説明し，最後は発展させた問題に対して類推的にきまりを見つけたり，説明をしたりするという展開である。

4．教材研究と板書

　この教材は，3枚の葉っぱの形を作り，それを3項の式に表すことから始まっている。もっと丁寧に扱おうと考えるならば，葉っぱが2枚の時から表現していくとよい。式にすると，2項⇒3項⇒4項の順である。そのようにすると，パターンがよりはっきりわかり，より多くの子どもたちの手が上がる雰囲気になるだろう。

　次に，本事例では，「4＋4＋4＝12」と「5＋5＋5＝15」は形として作っていない。しかし，同じブロック（同色）で作るというルールを外せば，作ることができる。4や5の葉っぱは右のようになる。色が混ざってしまうが，このように作らせて，式化することができることを授業者は知っておき，自分に授業に生かせばよい。

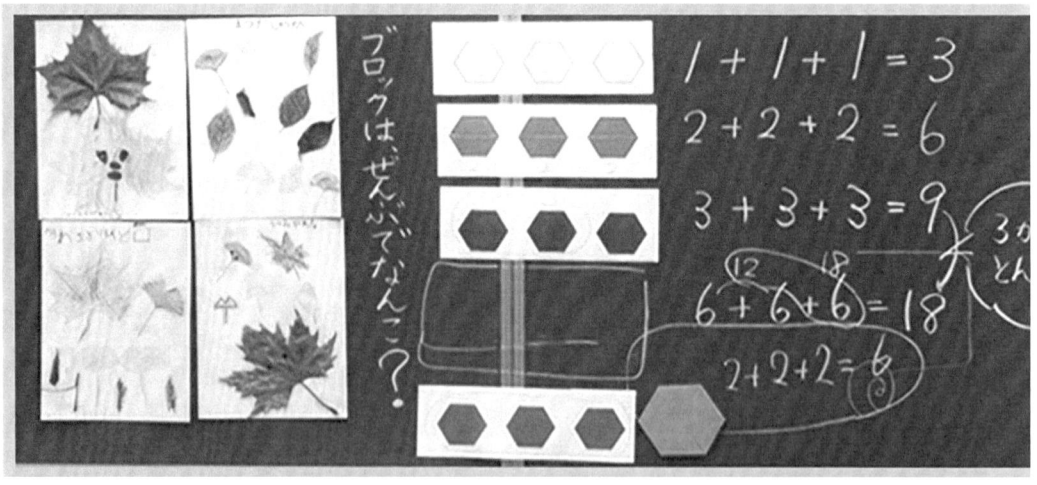

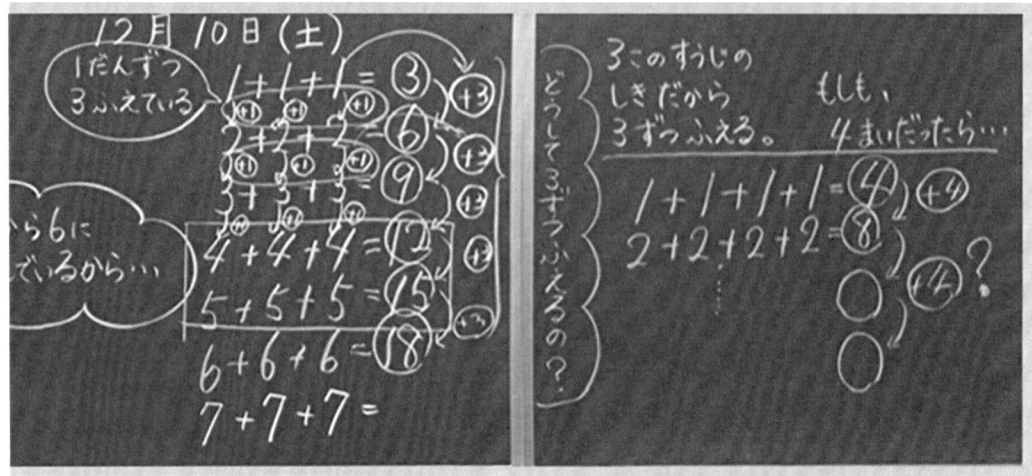

※ A4に拡大コピーしてお使いください。

ねん　くみ　なまえ

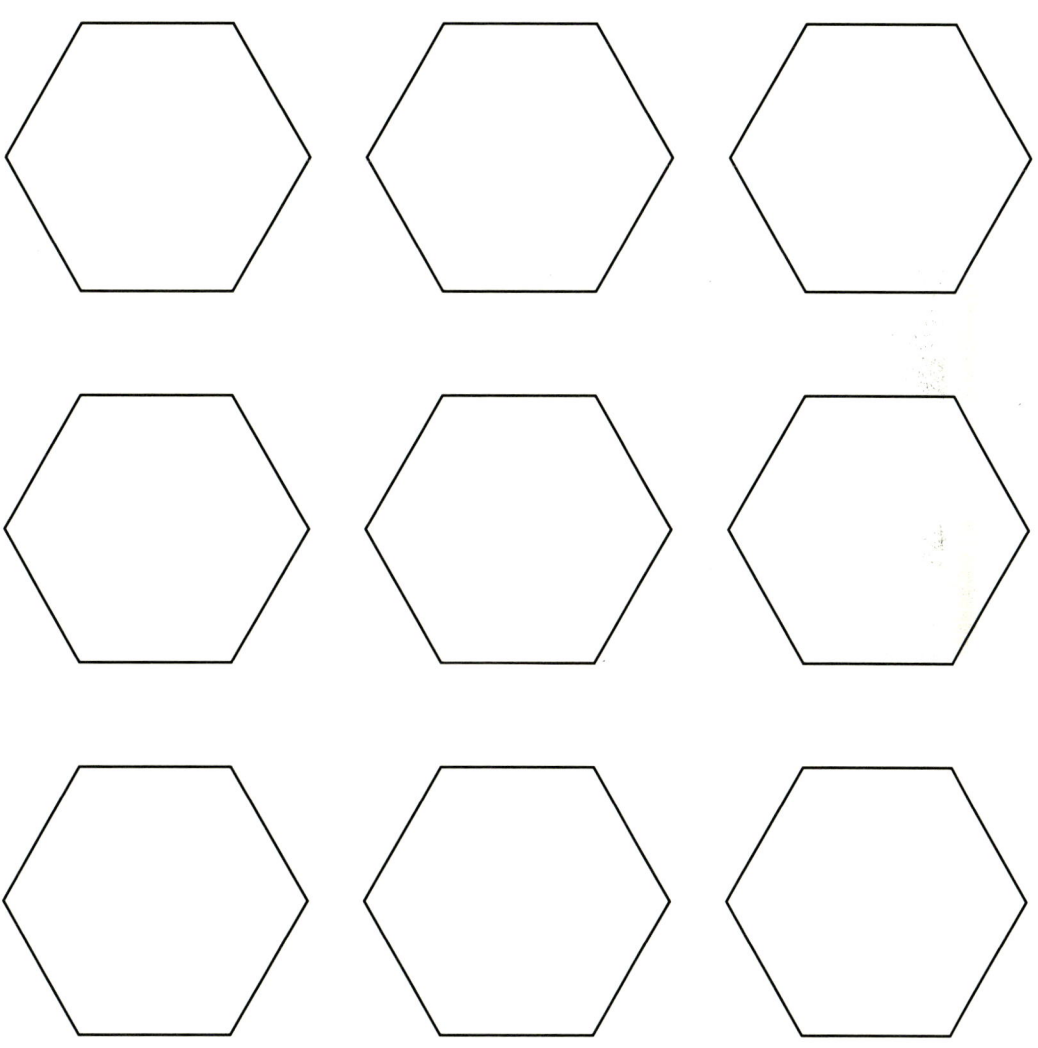

4　この形，何だろう？

1年　かたちあそび

1．活動のねらい

　　パターンブロックを使って，身の回りにある具体物を形づくったり，作った形が何に見えるかを考えたりする活動をする。
　　第1学年の平面図形では，身の回りにある具体物から形のみに着目して，「さんかく」や「しかく」などの形を見つけること，また，その「さんかく」や「しかく」などの形の特徴をとらえることが大切である。
　　この活動のねらいは，パターンブロックの「さんかく」と「しかく」を使って身の回りにある具体物の概形をとらえて表すことである。2つの「さんかく」の合わせ方には，頂点と頂点を合わせたり，辺と辺を合わせたり，あるいは辺と頂点を合わせる方法がある。まずは，2つの「さんかく」で形を作りながら合わせ方を確認する。次に，使える数を3つに増やして形を作り，さらに「しかく」も入れて，作る形を広げさせたい。
　　また，子どもたちが作った形が何を表しているのか読み取る活動もする。「さんかく」を幾つ使って，どのように組み合わせているのか，図形の合成，分解について理解を深めさせたい。

2．活動のポイント

● 子どもが名付けた形を使う

パターンブロックには，正六角形，台形，ひし形，平行四辺形，正方形，正三角形の6種類のブロックがある。本時の活動は，底面の形から箱の形を分類したり，箱から平面の図形を取り出したりした後だった。子どもたちは，箱の形から取り出した平面図形を「しかく（正方形），ながしかく（長方形），さんかく（正三角形），まる（円）」と名前を付けていった。今回は，使うパターンブロックを正三角形と正方形のみとしたが，箱の形がいろいろあり，正六角形や，台形，ひし形も名前を付けていれば，6種類のパターンブロックすべてを使うことができるだろう。

● 身の回りのものを自由に形づくる

本時のねらいは，パターンブロックを使って楽しみながら身の回りのものの概形をとらえて形にすることである。

まず，「さんかく」2個を使って，作る時のルールを確認していく。ブロック2個が離れることなく，辺と辺，辺と頂点，頂点と頂点のどれかでくっ付いていることを確認する。

子どもたちは，名前を付けながらいろいろな作品を作ってくる。これ以上のパターンが出ないと判断したら，もう1つブロックを増やして3つのブロックで形を作っていく。作ることに慣れてくると「もっと増やしたい」という声が自然に出てくるので，そこからブロックの数も自由にし，さらに「しかく」のブロックも入れて作ることにする。

●シルエットから形を作り出す

作った作品のまわりを鉛筆でなぞり，作品のシルエットを紹介する。シルエットを見て，同じものを作らせる。シルエットを見て形のどこにどのブロックを使っているのか判断させて形の合成，分解について理解を深めることがねらいである。

3. 活動の展開

1. ブロック2個で形を作ろう

　「さんかく」のブロックを2個使って、いろいろな形を作っていく。形を作りながら、形を作る時のルールを確認する。

　でき上がった形には、名前を付けるようにする。形はテレビ画面に映して、何の形を作ったのかクイズにする。同じ形でも向きが変わると違う名前が出たり、1つの形に対していろいろな名前が出たりする。下の真ん中の写真は、ある子は「木」と答えたが、別の子は「タワー」と答えた。

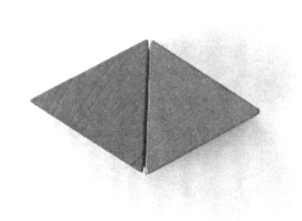

2. ブロックを増やして形を作ろう

　ブロックを1つ増やしただけで、子どもたちの発想は豊かになる。魚、木、うさぎ、台、お皿、花などいろいろと考える。

　時間が許せば、さらにブロックを4つ、5つと増やしていき、形を作ってもよい。

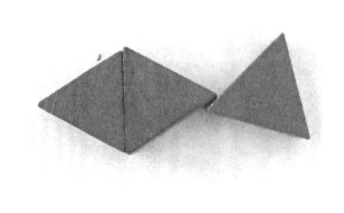

4　1年　かたちあそび

3．たくさんのブロックを使って自由に作ってみよう

　子どもたちから「ブロックをもっとたくさん使いたい」という声が聞こえたところで，「さんかく」と「しかく」のブロックを自由に使えるようにする。これまでの展開と同じように，形を作ったらテレビ画面に映して，何の形を作ったのかクイズにする。さらに，作った形のまわりを鉛筆でなぞらせて4の活動につなげる。

　はじめは，「さんかく」の数を増やしたり，「しかく」の数を1つ2つ入れたりしているが，次第にブロックの数も増えていく。

4．影の形からどんなブロックを使っているかわかるかな

　3の活動で作ったシルエットをテレビに映すと同時に，子どもたちにも紙に印刷したものを配る。つまり，このなぞったものがタスクカードになるわけである。

　でき上がった形が正しいかどうかは，3の活動で作った形をテレビに映して確認すればよい。

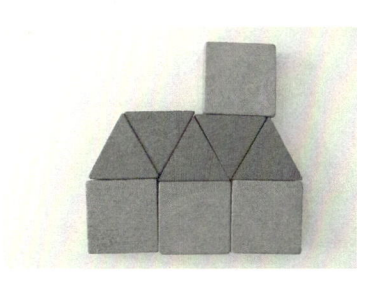

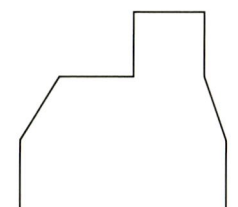

4．子どもの作品

さんかく 2個

山 　　　　　　　　　　　　砂時計

さんかく 3個

馬 　　　　　　　　　　　　車のマーク

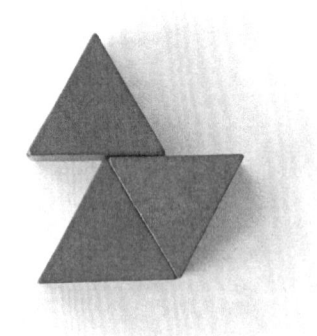

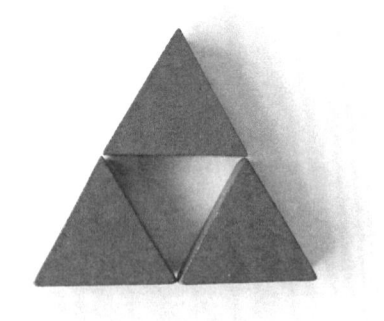

魚  　　　　　　　　　　　　お皿

さんかくとしかく

キャンディ

森

へび

ひまわり

ばんざいしている人

ピラミッド

5

1年　かたちあそび

こんなふうに並べたよ

1．活動のねらい

　形のシルエットを与え，パターンブロックで敷き詰める活動を行う。この活動を通して，ある形を身の回りにある具体的なものの概形としてとらえたり，ある形の中に別の形を見いだしたりする感覚を豊かにしていきたい。

　入学間もない子どもたちでも，図形に対するこのような感覚はもっている。しかし，それまでの生活経験の違い等により，個人差が見られる。お互いに作品を見合ったりすることで，同じ形でも様々な見方ができるようにしていきたいものである。

　形づくりは子どもたちが喜んで行う活動である。そこででき上がった形は，子どもにとっては一つの作品である。ところが，ブロックを片付けてしまうと，その作品は消えてしまう。そこで，タスクカードに色鉛筆などでかき写させることにする。

　最近の傾向として，色塗りの苦手な子どもたちが多いように感じる。枠からはみ出ないように，色を濃く塗ることができないのだ。鉛筆を持った手をいろいろな方向に動かしたり，筆圧を加減したりすること，あるいは細かいところまで根気よく丁寧に塗ろうとすることは，文字を丁寧に書く力を付けるためにも大切なことである。

2．活動のポイント

● シルエットをパターンブロックで敷き詰める

タスクカードの形（パターンブロックを並べてできる形のシルエットを示す外枠）になるように，パターンブロックを敷き詰める活動を行う。

タスクカードは，市販されている物もあるので，それを利用してもよいだろう。（例：『構成力をのばすパターンブロックタスクカード』『パターンブロックタスクカード基本50選』，東洋館出版社）

タスクカードを選択する観点として，次のようなことが考えられる。目的に応じて適したものを選ぶとよい。

ア．動物や乗り物など，親しみやすい絵ができるもの。
イ．少ないピースで作れるもの。
ウ．使用するブロックの種類と個数が指定されているもの。

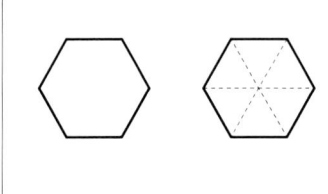

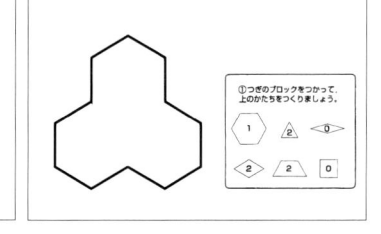

　　ア．親しみやすい絵　　　イ．少ないピースで作れる　　　ウ．種類と個数を指定

● 作品を色鉛筆等で写す

タスクカードのシルエットを完成させたら，それをもう一枚のタスクカードに写させる。パターンブロックの形が写しやすいように，写す側のタスクカードには，正三角形のパターンの点線を入れておく。子どもは，ブロックで作った自分の作品を見ながら，色鉛筆などで同じ色に塗っていく。

枠からはみ出ないように，濃く色を塗る作業を通して，筆圧や手の巧緻性，集中力が高まることが期待できる。

● ブロックの数を数える

次のような発問をすることによって，作品に使ったブロックの数を数えさせる活動ができる。

「緑のブロックを何個使っているかな？」
「赤のブロックと青のブロックでは，どちらが多いかな？」

また，形づくりの活動を始める前に，ブロックの色と個数を指定して子どもに準備させると，そこでも数える活動ができる。パターンブロックが大量に入った箱から，「赤と青と緑のブロックを，それぞれ5個ずつバケツに入れてきましょう」というように指示をして準備させるのである。

3．活動の展開

1．まずは作ってみよう

　教師用のパターンブロックとタスクカードを拡大したものを黒板に貼り，ブロックを並べてシルエットの形を完成させることを知らせる。教師用のパターンブロックがない場合は，実物投影機を用いて，テレビやスクリーンに映し出すとよい。
　実際に，代表の子に作らせてみるとか，みんなの声を拾いながら一緒に作るなどの方法で，説明用のシルエットを完成させる。次に，ブロックの並べ方をもう一枚のタスクカードに写すことを伝える。タスクカードには，緑のブロックの大きさの正三角形に区切られた点線が入っている。これに，色鉛筆などを使って，並べたブロックと同じように色塗りさせるのである。

- ブロックの並べ方はいろいろある。
- ブロックを重ねない。隙間を空けない。
- ブロックと同じ色に塗る。
- 枠からはみ出ないように，濃く丁寧に塗る。

2．黄色のブロックと同じ形を作ろう

　プリントを配り，思い思いにブロックを並べて完成させる。
　最初は，黄色の正六角形1個分の形を，いろいろな並べ方で作らせてみた。1枚のプリントの片側にブロックを並べ，その隣に色を塗るようにさせる。色を塗るときのことを考えると，右利きの子は左側にブロックを並べ，右側に色を塗らせるとよい（左利きの子は，その逆にする）。

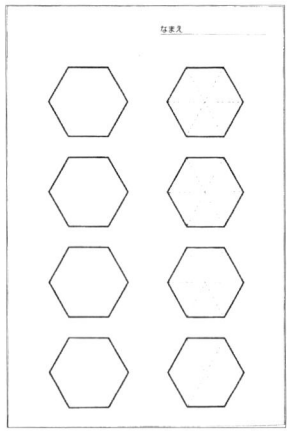

5　1年　かたちあそび

3．絵の中の形を完成させよう

　子どもにとって親しみやすい動物や植物，建物や乗り物などの絵で，もう少し大きな形のシルエットに挑戦させる。
　絵が大きくなると，ブロックの並べ方もバラエティに富んでくる。
　下の花の絵のような形の場合は，同じリズムで並べたり，対称な図形になるように並べたりする子が多い。

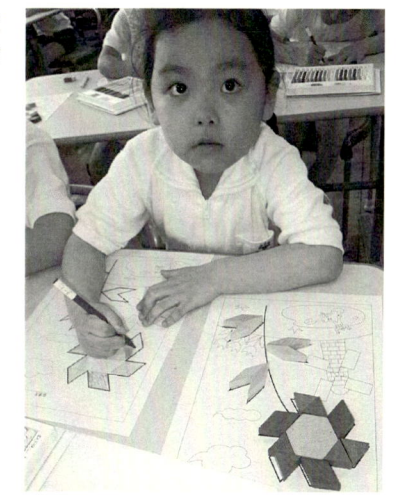

4．どちらが多いかな

　下のような作品を使って，次のような発問をすると，数の学習もできる。
　隣同士を比べ，「赤のブロックは，どちらが多く使っているかな」と問う。左が6個，右が5個である。左は上と下で「3個と3個」と見ることもできる。
　右の作品の中で，「青と緑では，どちらのブロックが多いかな」と問う。青と緑のペアを作ると緑が2個余るので，緑が多いことがわかる。
　また，個数を変えないで，別の並べ方を考えさせても面白い。

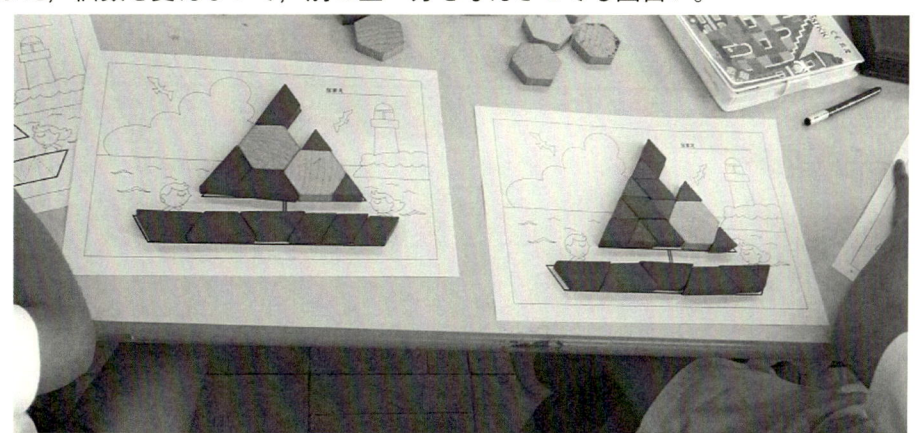

41

4．子どもの活動の様子と作品

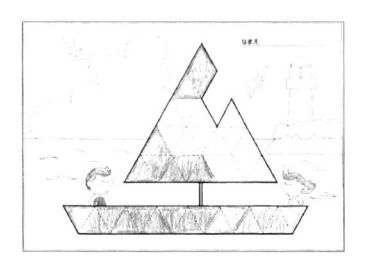

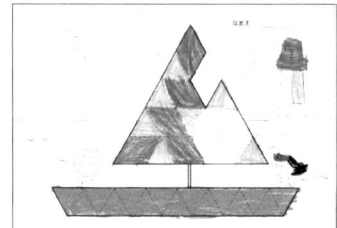

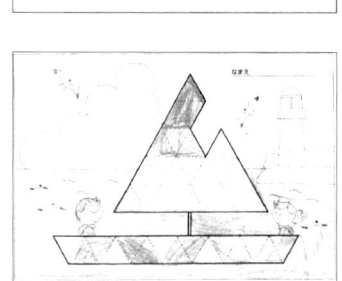

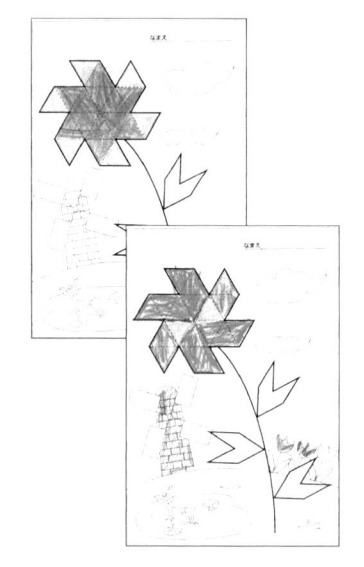

5．発展的な問題

　下のように，シルエットの形を作るためのブロックの種類と個数を指定して作らせると，難易度が高くなる。

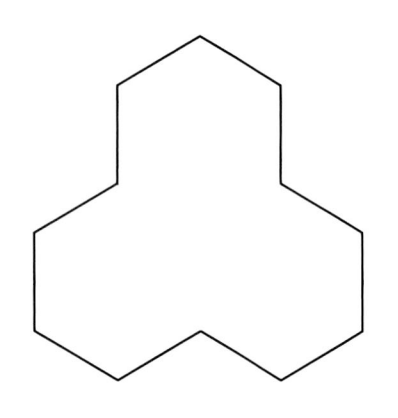

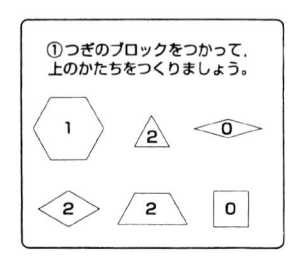

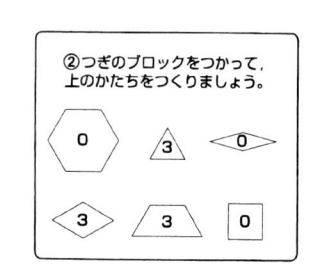

①つぎのブロックをつかって，上のかたちをつくりましょう。
六角形 1　三角形 2　ひし形(細) 0
台形 2　ひし形 2　　0

②つぎのブロックをつかって，上のかたちをつくりましょう。
六角形 0　三角形 3　ひし形(細) 0
台形 3　ひし形 3　　0

※200％に拡大コピーしてお使いください。

ねん　　くみ　　なまえ

6　形を作って遊ぼう！

1年　かたちづくり

1. 活動のねらい

　　第1学年の「かたちづくり」の単元で，パターンブロックを使って作った形をタスクカードに写し取り，パズルとして友達に出題する活動を行う。

　　この活動のねらいは2つである。一つ目は，4種類のブロックを使って，自分が考えた形を構成する活動を通し，同じ長さの辺同士を合わせたり，対称にブロックを配置したりするなど，図形の基礎となる経験をすること。二つ目は，友達の作ったタスクカードを，指定されたブロックで構成するために，試行錯誤しながら敷き詰めを行うことで，図形的な感覚を養うことである。教師から与えられたタスクカードばかり扱うのではなく，自分たちで作ったものだからこそ，子どもたちも楽しみながら取り組むことができると考える。また，発展的な扱いとして，緑2つを青1つと置き換えたり，赤2つと黄色1つを置き換えたりするなど，色の種類と形に着目して取り組ませることは，後の学習（例えば第2学年の分数など）にも役立つ経験となり得る。なお，この活動は，前時までにパターンブロックの活動を何度か行ってから，取り組むものである。

2．活動のポイント

指導計画は，以下のとおりである。

1．かたちをつくろう①　「花」「いちご」のタスクカードを用いて，パターンブロックの敷き詰めを行う。パターンブロックの種類や「敷き詰め」のルールは，活動を通して知る。また，でき上がった形について，使ったブロックを縁取りし，タスクカードに写し取っていく。
2．かたちをつくろう②　幾つかの基本図形を，決められた種類・個数で敷き詰める。
3．たくさんつくろう　正三角形を敷き詰める。1つだけではなく何通りもできることを知る。班で協力して，できるだけ多くの種類を完成させる。
4．かたちをつくろう③　グリッドペーパーを使用し，4種類のブロックを使って好きな形を作る。でき上がった形は，友達に出題するパズルとして使用するため，第1時同様にかき写しておく。また，パズルのヒントとして，使った種類と個数も記録しておく。
5．パズルをとこう　前時に作った形の枠をかき写し，友達同士で出題し合う。パズルを解くことで，友達の作品に触れることができる。また，同じ形でも敷き詰め方によって，仕上がりが多種多様であることを知り，より美しい敷き詰め方ができないか考える。

◆ パズル感覚で楽しく活動！

子どもたちにブロックを使うことを楽しいと感じてほしい。一方で，ブロックを立てて並べたり，積み重ねる活動とは異なり，ここでは「敷き詰め」のルールや，パターンブロックには6種類の形があることもきちんと押さえたい。そこで，最初は形の枠が決められているタスクカードを用い，枠の内側にぴったり敷き詰める課題を出した。最後の活動では，友達に出題するパズルを作る目的で形づくりを行ったことで，試行錯誤しながら，誰が見てもわかる形を作ろうとする姿勢が見られた。また，ブロックの色の使い方にも工夫が見られた。

◆「きれいだな！」「できるかな？」を大切にする

同じタスクカードを使っていても，でき上がりが異なることに気付くと，自然と子どもたちは「他にもないかな？」「もっときれいなのができるかな？」と手を動かし始める。そのときに，左右（上下）対称にこだわって敷き詰める子，色の種類にこだわって2色，1色で敷き詰めようとする子を，クラス全体で取り上げたい。「黄色と赤でできた形は，絶対に緑だけで敷き詰められるよ」「青だけでもできるかな」など，子どもたちの気付きが，後の学習につながると考える。

3．活動の展開

1．タスクカードに敷き詰めてみよう

　パターンブロック第1時は，まずブロックを使う時の約束（なくさない，投げない，仲よく）や，敷き詰めのルール（隙間ができないようにぴったりつける），ブロックの6種類について全体で確認する。その後で，タスクカード[※1]を用い，実際に形を敷き詰めてみる。普段から，休み時間等でパターンブロックに慣れ親しんでおくとよいが，まずは敷き詰めや形を作る面白さを経験することが大きなねらいである。また，敷き詰め方にきまりがあるもの（例えば下図のような）は全体で取り上げて紹介すると，自ら課題意識をもって取り組む子が出てくる。

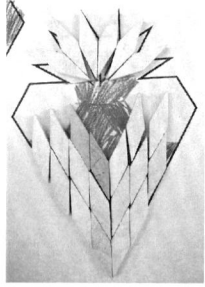

左右対称な敷き詰め　　　ブロックの種類を指定して敷き詰め

2．敷き詰めたとおりに写してみよう

　いろいろ敷き詰めてみた後，一番お気に入りのものをタスクカードに写し取りさせる。敷き詰めたブロックはそのまま保存することができないため，複雑でないものはブロックのまわりを鉛筆で縁取りし，色鉛筆等で塗らせておく。それを掲示することで友達の作品と比較しやすく，同じ形でもいろいろな敷き詰めができることが一目瞭然となる。

　また，ここで形を写し取る活動をしておくと，後のパズルを作る活動がスムーズになる。

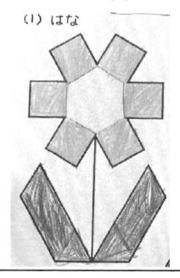

第2章　パターンブロックで「わかる」「楽しい」算数の授業

3. いろいろなものの形を作ってみよう

　ここからが第４時となる。ひと通りパターンブロックで形を作ってきたところで，最後は自分の好きなものの形を作らせる。ここでは，グリッドペーパー[※2]を用いて，使うブロックを４種類に限定した。作った形は，パズルとして後で友達に出題することを予め説明し，できた子から縁取りをして，色塗りをさせた。

　また，パズルのヒントとして，使ったブロックの個数を種類別にメモし，最後に作品に題名を付けさせた。これまでの活動とは異なり，ここでは敷き詰める時に，グリッドペーパーの直線に辺を合わせることや，頂点を合わせることを確認しておく。

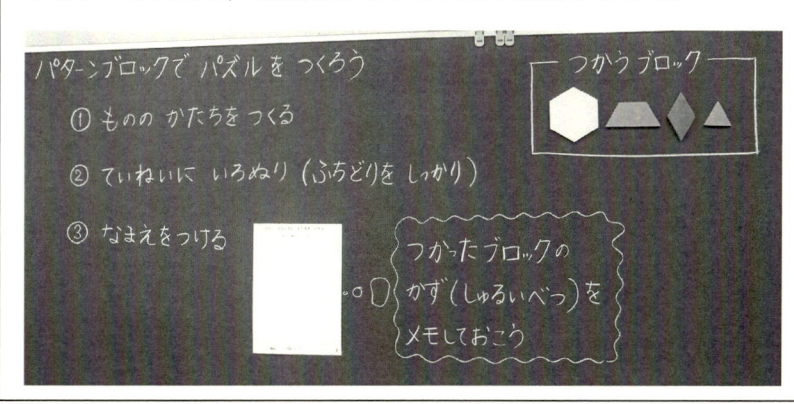

4. 友達のパズルにチャレンジしよう

　でき上がった作品は，別のタスクカードに，外枠だけ鉛筆でなぞらせて，種類別にブロックの個数を記入し，隣の友達にパズルとして出題する（でき上がったら予め写しておいた完成図を見て答え合わせ）。やみくもに配置していくのではなく，出題されたものの形の特徴を考えながら配置していくのが，この活動のポイントである。

　なお，面白い形や，発展的な扱いができそうな形は，教師側で選んでおき，次時に全体で取り組ませる。同じ形，同じ個数でも，置き方によっていろいろな模様のものができることに気付かせたい。

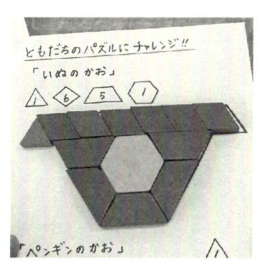

[※1]　『パターンブロックで創る楽しい算数授業』，東洋館出版社，p.p.77－78.
[※2]　同上 p.150.

4．子どもの作品

授業の中で，実際に子どもたちが作った形（パズル）をいくつか紹介する。

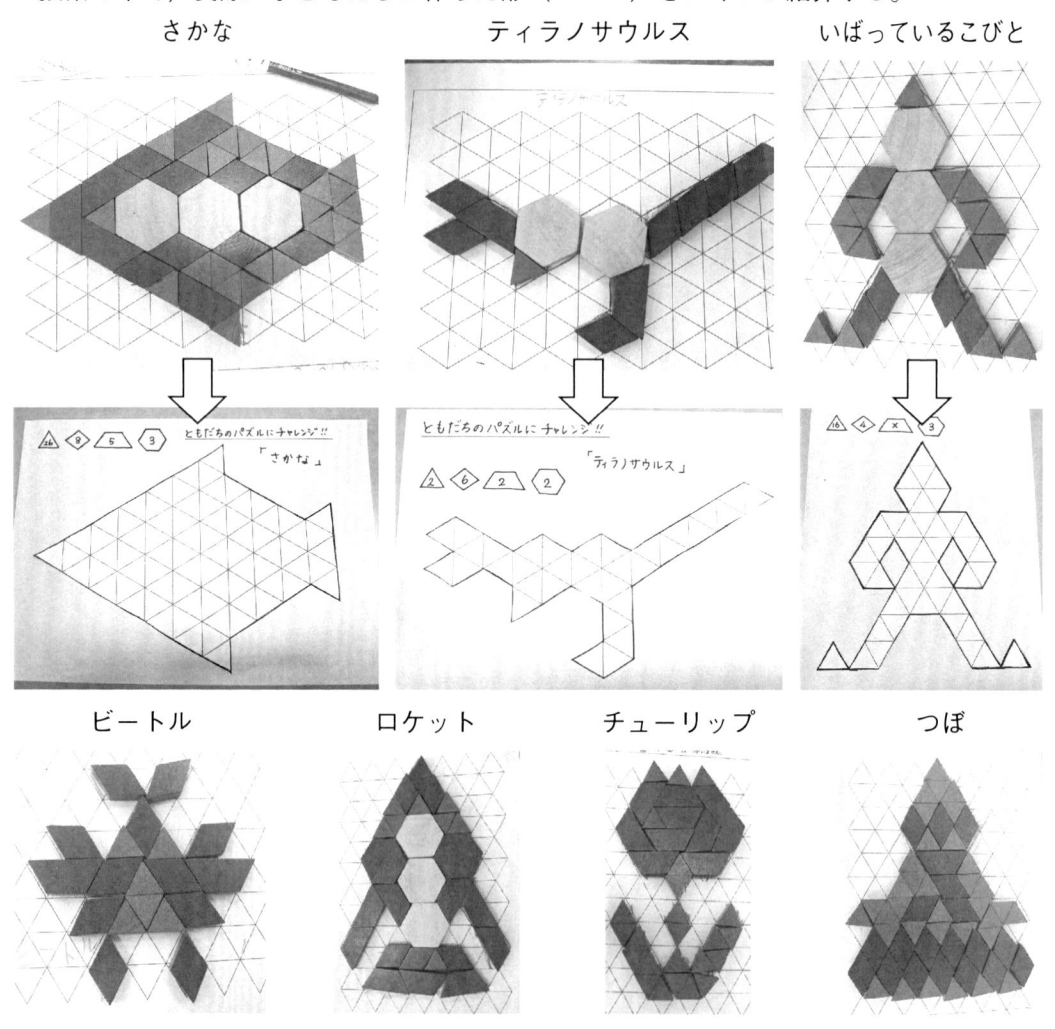

さかな　　　　　　　　　ティラノサウルス　　　　　　いばっているこびと

ビートル　　　　ロケット　　　　チューリップ　　　　つぼ

5．発展的な扱い

　上図の「さかな」のように，内側が広い形では，同じ種類・同じ数のブロックを使ってもでき上がる作品は一様ではない。置き方によっては，同じ左右（上下）対称でも，多種多様である。配置の仕方や，他の作品との違いを比べてみるのも面白い。

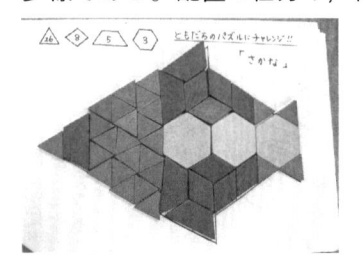

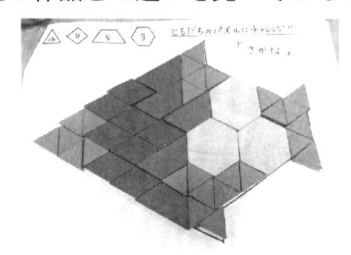

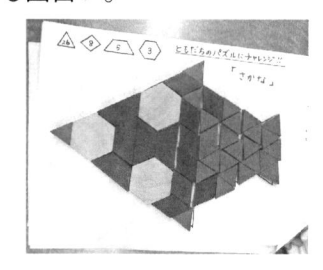

48　　　第2章　パターンブロックで「わかる」「楽しい」算数の授業

※ A4に拡大コピーしてお使いください。

ねん　　くみ　　なまえ

だいめい「　　　　　　　　　」

つかったブロック

（　）こ　（　）こ　（　）こ　（　）こ

7

1年　かたちづくり（しきつめ）

同じ形が作れるかな？
―図形感覚を育てる形づくりの活動―

1. 活動のねらい

　　パターンブロックは，辺の長さが等しくなっていたり，角度が30°の倍数になっていたりするために，敷き詰めがしやすくなっている。
　　したがって，段階を追って敷き詰めや形の構成をさせることによって，スムーズにパターンブロックを扱えるようになる。
　　この授業は，1年生の子どもにパターンブロックを使って形づくり（敷き詰め）を体験させ，図形感覚を育てることを目的としている。
　　ここでは，ある図形をいくつか組み合わせてもとの図形と相似な図形を作る形づくりに挑戦した。このとき，最初の図形をレプタイルと呼ぶ。パズルのような面白い形づくり（敷き詰め）をすることは，大きな敷き詰めへのステップになると考えての活動である。

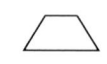

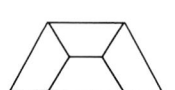

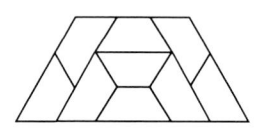

（レプタイル）

第2章　パターンブロックで「わかる」「楽しい」算数の授業

2．活動のポイント

● 自由に形を作る

　最初にタスクカードを配った。タスクカードには，正六角形を除いて，パターンブロックのそれぞれの形の2倍の拡大図がかかれている。正六角形に対しては，ハチの巣のような形を提示した。正六角形は，レプタイルにならないからである。

　さて，最初に白いひし形の2倍の形を作った。この場合は，写真のように1種類の作り方しかできない。白いひし形4つによる構成である。

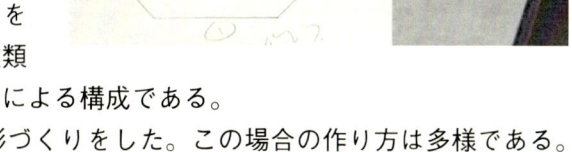

　次に，青のひし形の2倍の拡大図の形づくりをした。この場合の作り方は多様である。子どもたちは，次々と思うように形を作っていった。

● レプタイルによる形づくりへの移行

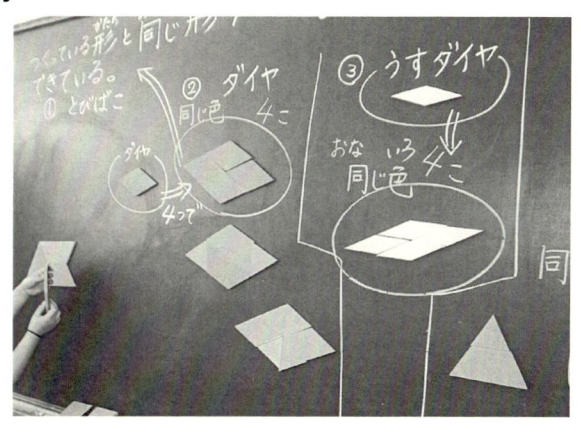

　ひし形2種類と正三角形の形づくりの仕方がいろいろ発表される中で，「同じ作り方はどれかな？」と聞いた。形づくりの仕方で共通することを尋ねたのである。

　「どれにも同じ色4個で作った形がある」

という答えが返ってきた。そのことを板書して押さえた。そして，台形も「同じように同じ色4個で作れるかな？」という展開にしたのである。

赤の台形4枚で2倍の拡大図の台形を作るのは，少し試行錯誤が必要である。

● なぜ正六角形は形が違うのか

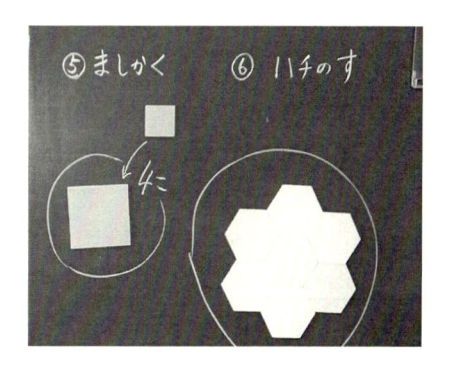

　正六角形だけは，拡大図がない。子どもから，「黄色のブロック4個で同じ形ができないよ」という声が聞こえた。そのとおりで，正六角形はレプタイルにならない。そのことを理解させた上で，写真のような図形を作らせた。

51

3．活動の展開

1．「ダイヤ」を作ってみよう

　タスクカードを配布して，それぞれの形に名前を付けさせた。

　ひし形には，「うすダイヤ」と「ダイヤ」という名前が付いた。うすダイヤは，白いブロックのひし形。ダイヤは，青いブロックのひし形である。

　まずは，うすダイヤから作ることになった。あっという間に白いひし形のブロック4個で形を作った。

　次に，ダイヤの形に取り掛かった。この形は，多様な作り方ができる。右下写真のように，重ねることによって，同じ形を多様に作ったのであった。

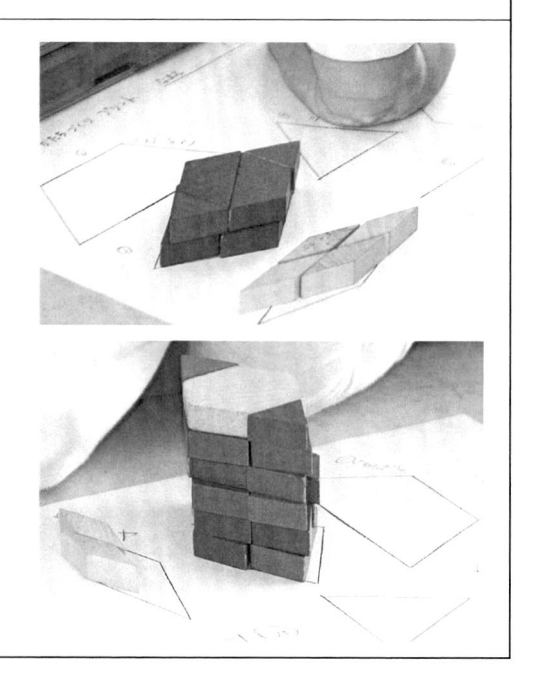

2．同じ色4個でできているよ！

　ダイヤとうすダイヤ，さらにさんかく（正三角形）を作らせて，何人かに発表してもらった。

　黒板提示用のパターンブロックの個数が限られているので，たくさんの種類を発表させることはできない。2，3種類の形を発表してもらったら，それでよしとした。

　そのあとに，次のように発問した。

　「今までの作り方で，同じ作り方はどれかな？」

　これに対して，「同じ色4個でできているのがあります」と，共通の作り方をしている形を見つけたのである。

　黒板に「作っている形と同じ形4個でできている」と板書した。これも，子どもの言葉であった。

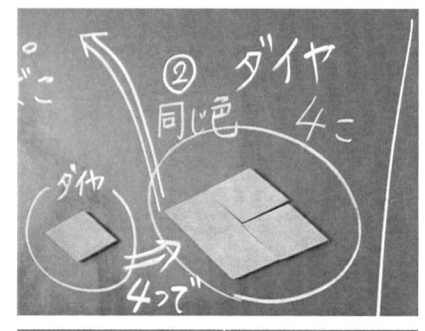

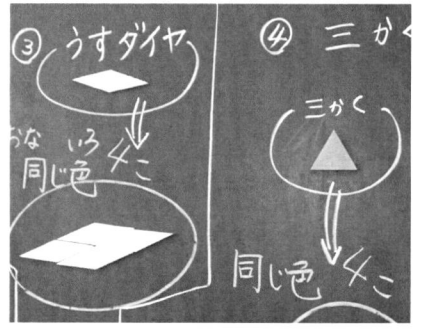

3. 同じ色で作ってみよう

　子どもが見つけたことを生かして，次の形を作ることにした。

　「とびばこ」とネーミングされた台形を作ることになった。

　この形は，レプタイルとして面白い構成になっている。1年生にとって，構成は簡単ではない。だから，図形感覚を養うには，とてもよい課題だと思われる。

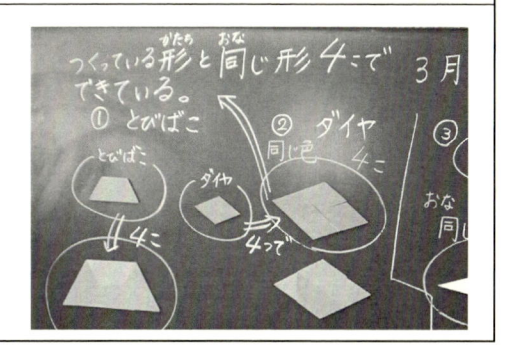

4. ハチの巣も作ってみよう

　正方形は「ましかく」，正六角形7個でできる形は「はちのす」とネーミングして形の構成を行った。

　正六角形の黄色のブロックを扱う時に，子どもは，「黄色のブロック4個で同じ形ができないよ」と指摘した。

　確かに，これだけは仲間外れなのである。このことに気付いたことを褒めた。その上で，ハチの巣のような形を作った。同じ形4個ではできなかったが，正六角形7個でできた。

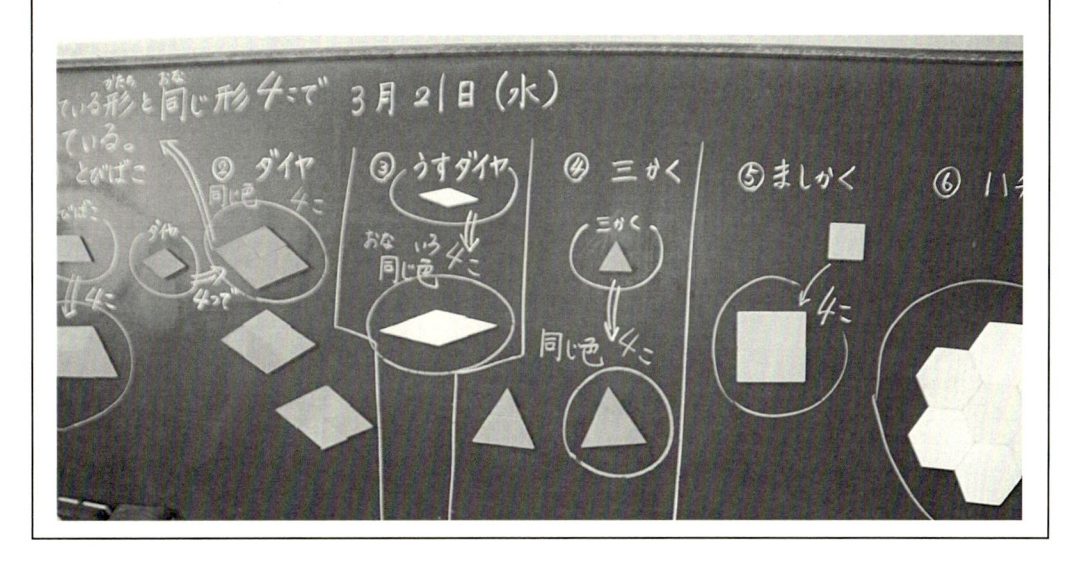

4．発展的な扱い

● レプタイルとしての発展

本事例の冒頭に紹介したが，台形のブロックはレプタイルなので，拡大図をずっと作ってみるというのも面白い活動になる。

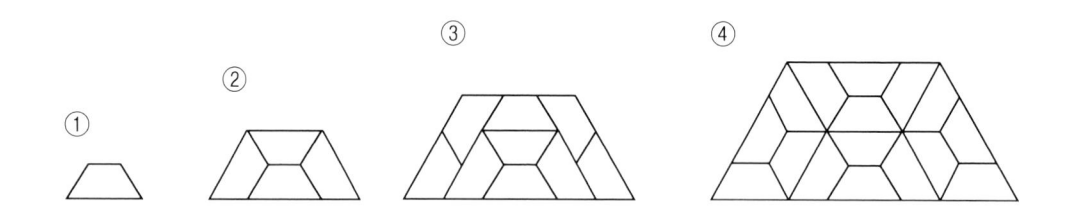

①～④までの形を作るためには，枠組みを示してそこに敷き詰めるように形づくりをさせるとよい。

このように遊び感覚で形づくり（敷き詰め）を行うことで，図形感覚を養うことが特に低学年の子どもには必要である。

● 敷き詰めとしての発展

形づくり（敷き詰め）に慣れてきたら，少し大きめの敷き詰め作品づくりに取り組む。しかし，1年生の子どもにただ「隙間がないように形を作ってみよう」と投げかけても難しい。机の上に作るにしても，床の上に作るにしても，枠組みがなかったり，大きさに制限がなかったりすると，やりにくいのである。

そこで，事例で紹介したような形づくり（敷き詰め）体験をした上で，算数ボックスの箱のふたを外枠として敷き詰めをするという課題に取り組んでみた。

算数ボックスとは，ブロックやおはじき，数カードなどが入っている箱のことである。少し大きめではあるが，じっくりと取り組めるし，一応のゴールがあるのでやりやすい。また，ブロックが崩れたり，机の上から落ちたりしにくいので，1年生の活動環境としてよいのである。

※200%に拡大コピーしてお使いください。

ねん　　くみ　　なまえ

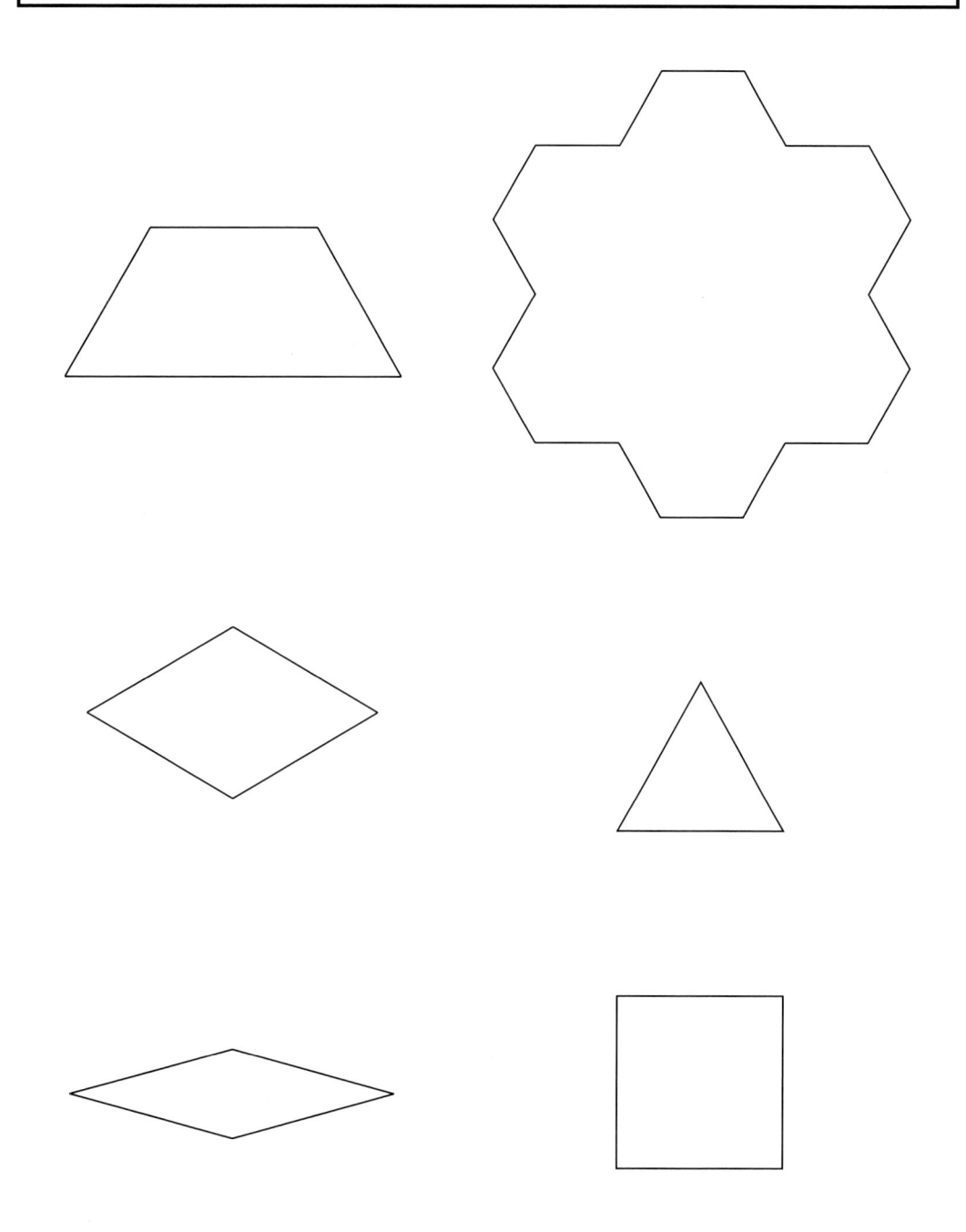

8　この形は，どんな式になるのかな？
―式を具体的な場面に結び付ける活動―

1年　たしざんのしき

1. 活動のねらい

　　1年生の「数量関係」領域の学習では，加法及び減法が用いられる場面を式に表したり，式をよみ取ったりすることができるようにすることが大きなねらいである。また，「図形」領域の学習では，立体図形や平面図形の観察や構成を通して，図形についての理解の基礎となる経験を豊かにすることがねらいである。

　　本実践は，上の両領域のねらいを満たすものである。具体的な場面として形を構成し，その構成した形を式に表現する。紹介する算数的活動は，図形の観察や構成といった図形についての理解の基礎となる経験を豊かにすると同時に，算数固有の表現として大切な，式に表したり式をよんだりする力を付けることがねらいである。

　　数量関係と図形の学習の両方を満たすこの学習は，パターンブロックという教具を有効に活用することで実現した。パターンブロックの正六角形（黄色）のブロックが他のブロックで多様に構成できることを生かしたのである。

2. 活動のポイント

● 形を式に表す

「黄色（正六角形）のブロックを，6個のブロックで作れるかな？」という発問からスタートする。ブロックの個数を条件として指定し，構成させるのである。

例えば，緑のブロック6個で構成した時の式は，「1＋1＋1＋1＋1＋1＝6」と表現することを約束する。続いて5個の形を，子どもは2通りの式で表現する可能性がある。1つは，「1＋1＋1＋1＋1＝5」，もう1つは「1＋1＋1＋1＋2＝6」である。前者の式が表す5は，個数を表す5である。後者の式の6は，広さを表す6である。このとき，青のひし形のブロックは緑のブロック2個分なので，後者の式になることを約束する必要がある。

また，ブロックの種類は問題にするが，構成した時のブロックの位置や向きが異なっても同じ式になることを約束する必要がある。

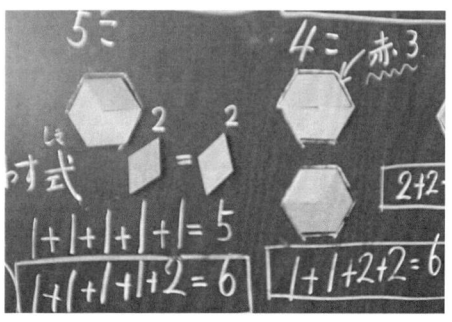

ややこしいようだが，最初から約束事を話すのではなく，自然に導入し，もしも上記のようなことにこだわる子どもがいたら，「目のつけどころがすばらしい」と認め，そのときに約束すればよい。

個数の条件は，5個，4個，3個…と1つずつ少なくする。4個と3個の時は，構成の仕方が2種類ずつあるので面白い。

● 式を形に表す

黄色のブロック（正六角形）の構成とその式表現が終わったら，写真のような正三角形の構成を見せる。黄色と緑のブロックで作った正三角形である。

「この三角を，緑のブロックで作ったら何個でできるかな？」と尋ねる。黄色のブロックは緑のブロック6個でできることから，6＋3＝9で9個と数えることができる。

正三角形が9個の広さとわかったら，9になるたし算の式をいろいろ考えさせてみる。例えば，「3＋3＋3＝9」と出たら，「この式になるように三角を作ってみよう」と投げかけるのである。それは，赤の台形のブロック3枚でこの正三角形を作ることを意味する。式から形を構成する場面である。

3．活動の展開

1．ブロック6個で作れるかな

　黄色のブロック（正六角形）の形を他のブロック6個で作れるかを問う。

　ブロックの個数を条件として，構成させるのである。

　右写真のように，緑のブロック6個でできたら，この作り方を「1＋1＋1＋1＋1＋1＝6」と式に表すことを約束する。

　続いて，「5個で作れるかな？」と問う。このときの式は，「1＋1＋1＋1＋2＝6」である。式の数は，緑のブロックを1とした時の広さを表すことを約束する。

2．他にもできるよ！

　4個の場合を作らせると，「1＋1＋1＋3＝6」と「1＋1＋2＋2＝6」の2種類の作り方があることがわかる。

　これは，3個の場合も同じで「2＋2＋2＝6」と「1＋2＋3＝6」の2種類できることがわかる。もしも，子どもたちが気付かなければ，「こんな式の形はできないのかな」と式をヒントに形を作らせるのも面白い。

　このように形と式を作る活動をしていくと，いろいろなことに気付く子どもが現れる。例えば，本実践では，子どもが「だんだん1が減っている！」ということに気付いたので，右のように板書した。

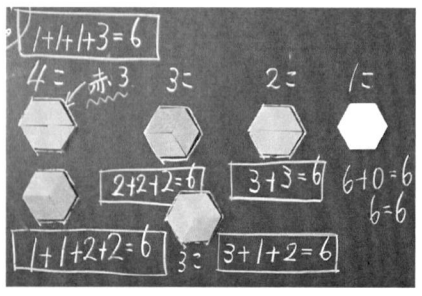

3．9になる式を挙げてみよう

　黄色のブロックに3つの緑のブロックを組み合わせて，正三角形を作って見せた。そして，「この形を手もとに作ってみよう」と投げかけた。全員が作ったのを確かめて次のように発問した。
　「この三角を緑のブロックだけで作ったら，何個でできるかな」
　「9個です！」
　「だって，3＋6＝9だから」
　子どもたちは，黄色のブロックが6個でできることを，その前の活動で理解している。全員が9個だと理解した上で，さらに次のように問うた。
　「次は式から形を考えてみようか。9になるたし算の式を適当に挙げてみよう」
　「4＋5＝9です」
　「8＋1＝9！」
　「3＋3＋3＝9！」
　「3つのたし算も出てきましたね」
　このような形で，式から形づくりに展開していく。

4．「3＋3＋3＝9」の形を作ろう

　「3＋3＋3＝9の形が作れるかな」
　この問いかけに，子どもたちは次のように思考した。
　「3の形って，赤のブロックだよね」
　「赤のブロック3個で三角ができるかな」
　しばらく考えたが，三角がなかなかできない。中には，もうできないと諦める子どもも出始めた。そこで，ヒントとして赤のブロックを1つ三角の枠の中に置いてみた。
　「真似して，1つだけ置いてごらん」
　こう言って1つ置かせてみると，残りの2つのブロックの置き方が見えてきた子どもが何人も現れた。黒板上に一度に完成させるのではなく，1つずつブロックを置かせることで，より多くの子どもたちに気付かせるように形を作らせていった。
　「3＋3＋3＝9」の形ができたら，別の式に挑戦してみる。例えば，5＋4＝9の形はできないことがわかる。5の大きさのブロックがないからである。

4．子どもの考えと板書

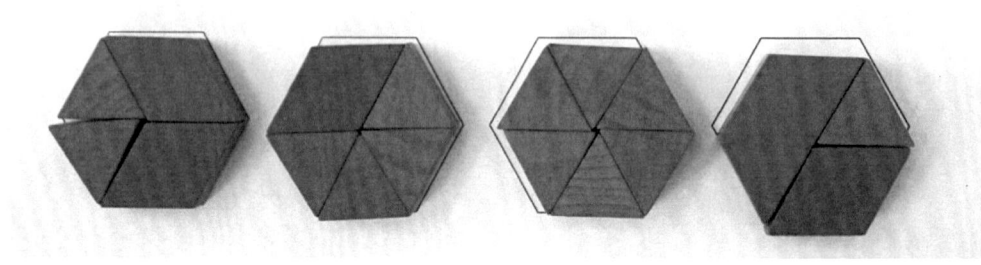

※ A4に拡大コピーしてお使いください。

ねん　　くみ　　なまえ

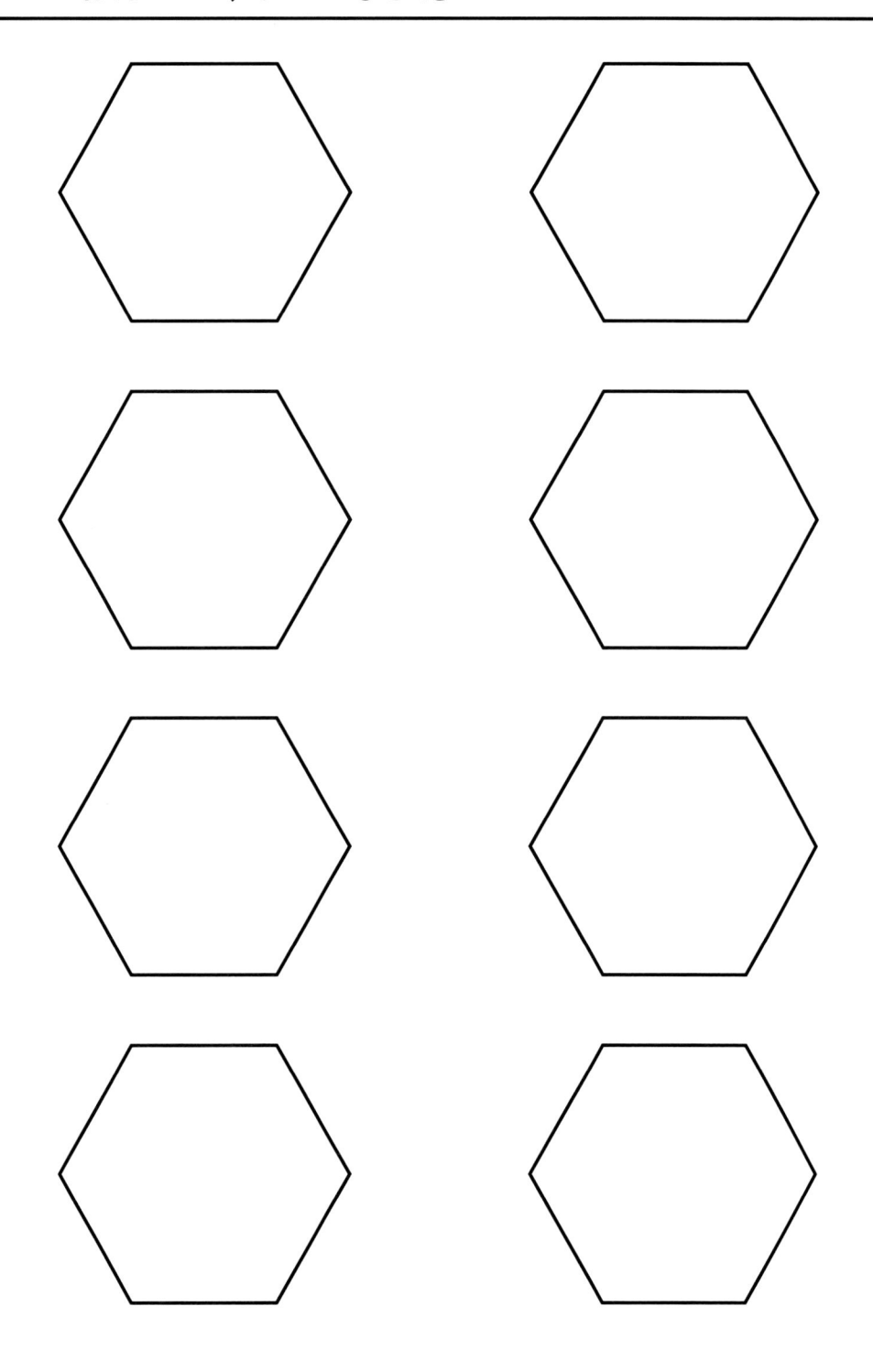

9 2年 ひろさくらべ

広いのはどっち？　何を「1」にする？

1. 活動のねらい

　　広さ比べは1年生でも行っている。そのときは，直接比較や任意単位を使った広さ比べを経験している。本実践では，パターンブロックを使っていろいろな任意単位を自ら考えて広さ比べをする活動を行う。ただし，任意単位による広さ比べだけでは，1年生で学習したことの復習となってしまう。広さ比べをすることを通じて，単位の考えを養わせることが本実践のねらいである。
　　活動としては，パターンブロックで作った2つの形の広さ比べを行う。その際，緑・青・赤・黄色のパターンブロックを基準量（任意単位）とすると，それぞれ幾つ分かで広さが比べられることを知る。どのパターンブロックを「1」とするかを自分で決めることで，異なる形の広さを比べることができるようになるのである。本実践で子どもに体験させたいことは，基準量を自らが決めることである。単位の考えを身に付けていく上で最も大切な要素は「何を基準量とするか」を決められることである。同時に，もしできれば，広さは同じでも，基準量が変わると広さを表す割合が変わることにも気付かせたい。

２．活動のポイント

■ ひと目では比べられない形の広さを予想させる

⑦と⑦の形を提示し，線で囲まれた形の広さを予想させることから授業を始めていった。直接比較をしても比べることができない形を用意することによって，任意単位での比較のアイデアを子どもの中から引き出せるようにした。実践したクラスの子どもは，１年生の時から何度もパターンブロックを扱った経験があったので，⑦と⑦の形を見た途端に「パターンブロックで作った形だ」とすぐに気付くことができていたが，もし気が付かない場合は，２つの形ともパターンブロックで作った形であることを伝えてもよい。

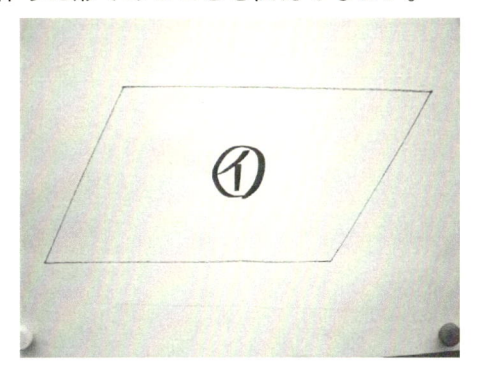

■ 基準量のパターンブロックを変えても広さ比べができることに気付かせる

本実践で使用するパターンブロックは緑，青，赤，黄色の４種類である。それぞれのパターンブロックの形の広さは，緑を１として考えると，緑（１），青（２），赤（３），黄色（６）と見ることができる。

最初から１種類のパターンブロックを使って形を作る子どももいるが，多くの子どもは数種類のパターンブロックを使って形を作る。例えば，⑦の形を黄色１つと緑６つで作ったり，赤３つと緑３つで作るなど，各自で異なる。そうすると，「○が△個分」という統一した表し方ができず，広さを表せずに子どもは困ってしまう。その困った場面を引き出し，どのパターンブロックを任意単位とするかを話し合う。話し合う中で，どれを基準量にしても広さ比べをすることはできるが，基準量を変えると「幾つ分」の数が変わることに気付かせ，単位の考えに触れさせていく。

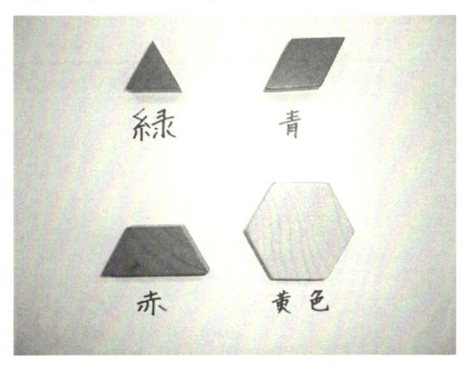

3．活動の展開

1．㋐と㋑の形はどちらが広いかな

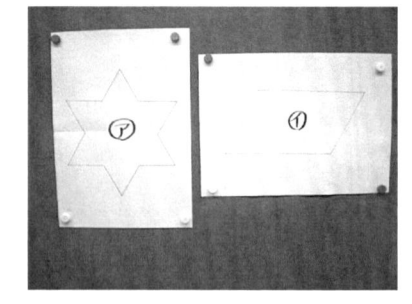

　封筒から㋐と㋑の形を取り出して黒板に貼る。
T：(㋐を取り出す) これは何だと思いますか？
C：こんぺいとうだ！
T：では，これをこんぺいとうと呼びましょう。
T：(㋑を取り出す) 次はこれです。
C：こんにゃくだ！
T：では，これをこんにゃくと名付けましょう。
　このようなやり取りをしながら関心を高めていく。そして，それぞれの形の線で囲まれているところの広さ比べをすることを伝え，どちらが広いか予想させる。実際の授業では，こんぺいとう（㋐）の方が広いと予想した子どもの方が多く，同じと答えた子どもも数名いた。

2．パターンブロックで形を作ろう

　㋐と㋑の形はパターンブロックで作ったものであることを全員に知らせ，㋐と㋑の形をかいた紙を子どもに配り，パターンブロックで形を作らせる。そうすると，様々な作り方を子どもは発見していく。
　2つの形をそれぞれどのパターンブロックで作ったのか発表させる。以下は，本実践で子どもが作ったものである。

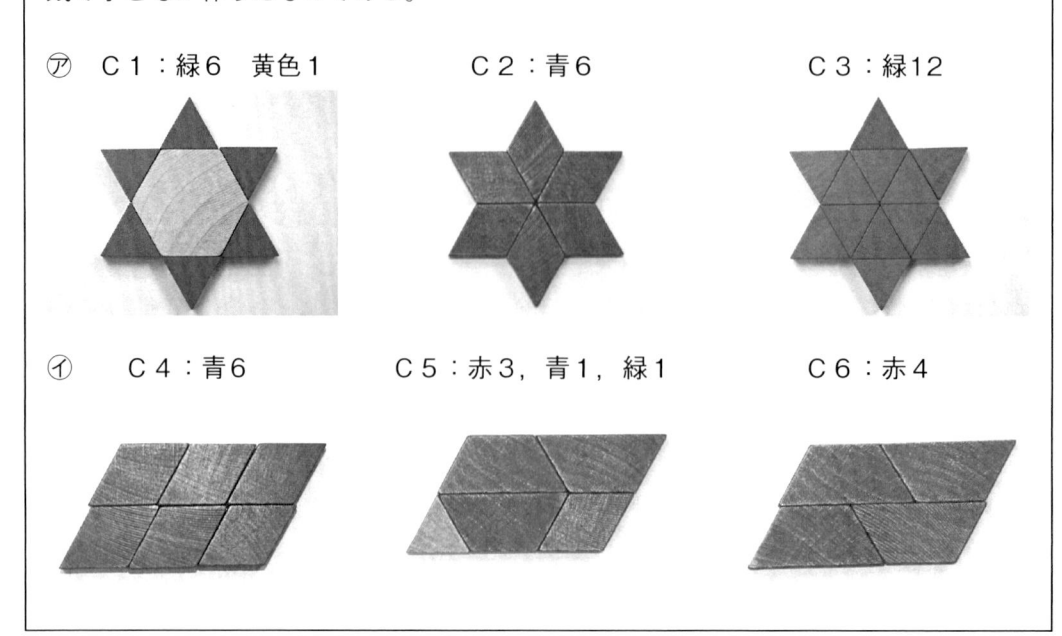

㋐　C1：緑6　黄色1　　　C2：青6　　　　　　C3：緑12

㋑　C4：青6　　　　　　C5：赤3，青1，緑1　　C6：赤4

3．色をそろえてみると…

　以下は，実際の授業のやり取りである。
T：みんなが使った色はばらばらですね。
C：そろえればいいんだよ！
T：「そろえる」とは，どういうことですか？
C：例えば，緑で数えれば㋐は12個だよ。
T：どうして12個になるの？
C：だって，さっき緑6個と黄色1個で㋐ができるって言ったでしょ。黄色1個は緑6個と同じ広さになるから。6＋6＝12になるから，緑12個になる。
C：㋑も緑で数えたら12個になった。
C：㋐と㋑は同じ広さだ！

　ここで基準量となるパターンブロックを決めれば広さ比べができることを見つけさせる。緑でできるのであれば，青や赤でも数えることができるのかもしれないと考えさせ，数えて比べさせる。そして，一連の活動で発見したことを板書に残す。実践した授業では，以下のような言葉でまとめられた。
　「パターンブロックの色をそろえると広さがわかる」

4．青のブロック9つ分の広さになる形を作ろう

　青のパターンブロック9つ分の広さになる形を自由に作る。様々な形ができ上がり，とても楽しいものとなる。

　でき上がった作品から1つ選び，それが本当に青9つ分の広さになっているのかを考える。実際の授業で取り扱ったのは右の写真のものである。子どもは「信号」をイメージして作った。右の作品が青9つ分になっていることを，「黄色のブロックは青のブロック3つ分でしょ。それが3つあるんだから，3×3＝9で9つになる」と子どもは説明した。

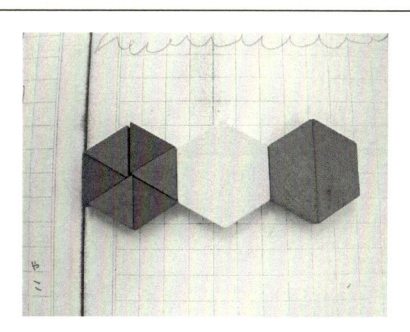

　また，緑で数えれば18個，赤で数えれば6個になることも子どもは発見した。もし子どもの思考が「なぜ青だと9つなのに，緑だと18個になるのか」ということに向かうのであれば，それを話し合わせてもよい。実際の授業では，そこまで話が及び，「青は緑の2倍の広さだから，全部の数は半分になる」という説明が子どもから出された。

　同じ広さなのに，基準量となるパターンブロックが変わると割合が変わっていくということを理解した姿だと感じた。

4．子どもの作品（青9つ分の広さの形）

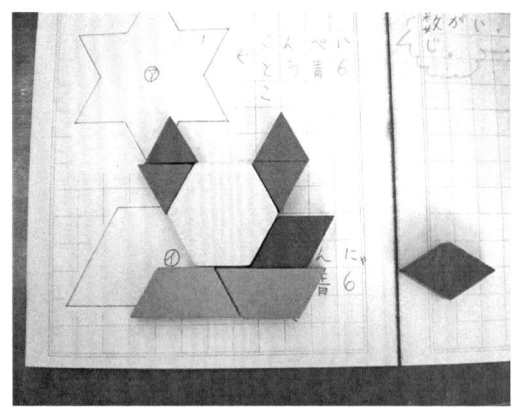

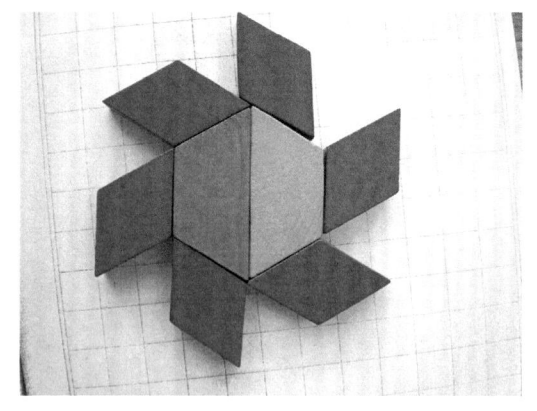

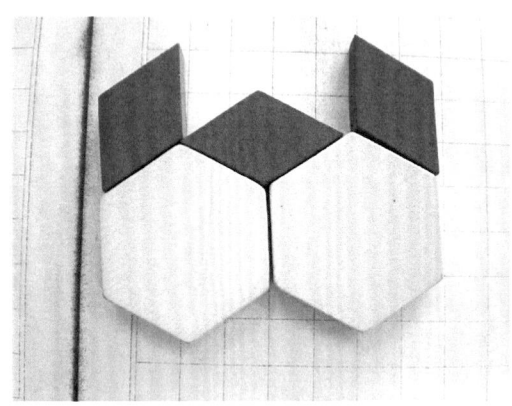

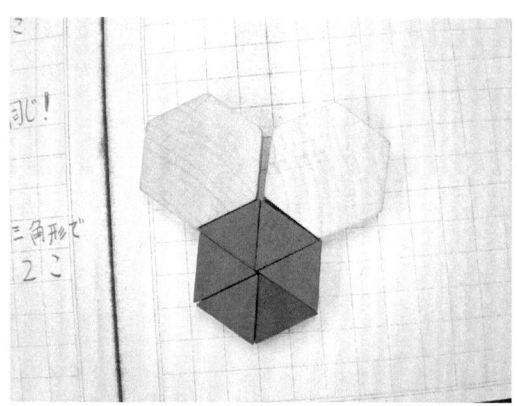

5．実践を振り返って

　異なる2つの形の広さ比べをするために，4つあるパターンブロックから自分で基準量（任意単位）を決めるという活動を通し，「1となる量を決める」という経験をさせることができた。これは，将来の「最大公約数」「割合」「小数・分数のかけ算・わり算」など，様々な学習に役立つ考え方になるはずである。

　1年生の任意単位で広さ比べをする学習では，マス目を数えて広さを比べることが多い。しかし，広さを測るからといって「単位正方形の幾つ分」とすることだけにとらわれるのではなく，長さやかさの学習の時のように，基準量（任意単位）を子どもが考える授業があってもよいのではないだろうか。本実践のポイントは，緑・青・赤・黄色など，様々な単位から自分で任意単位を選択することである。そこで「何を1とするのか」を考えたことが，先の学習に生かされると考えている。

※ A4に拡大コピーしてお使いください。

年　　　組　　　名前

どちらが広いでしょうか？

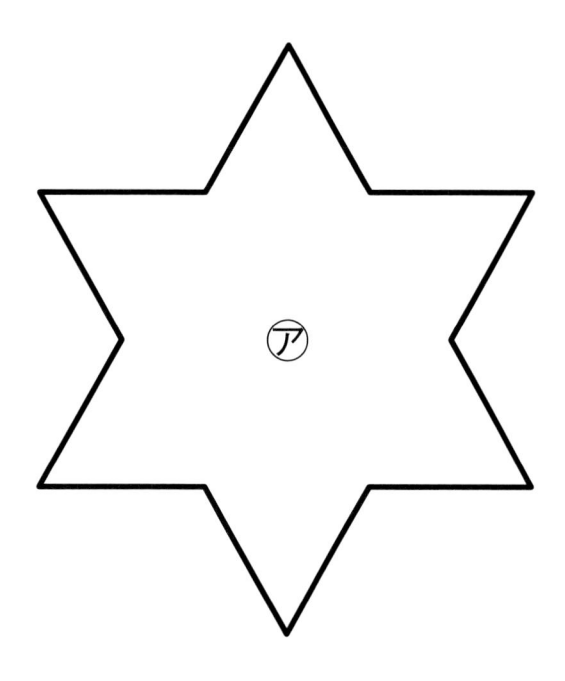

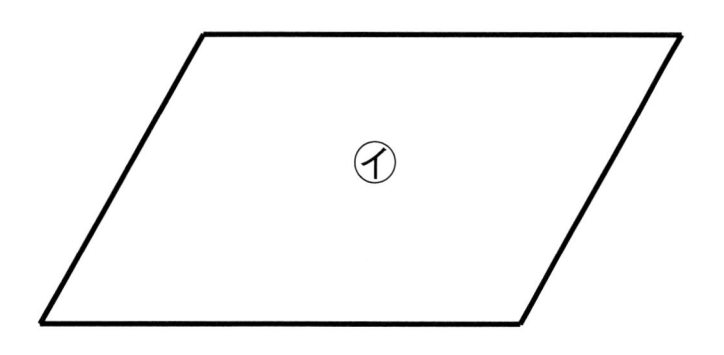

㋐

㋑

10　パターンブロックで数を表そう！

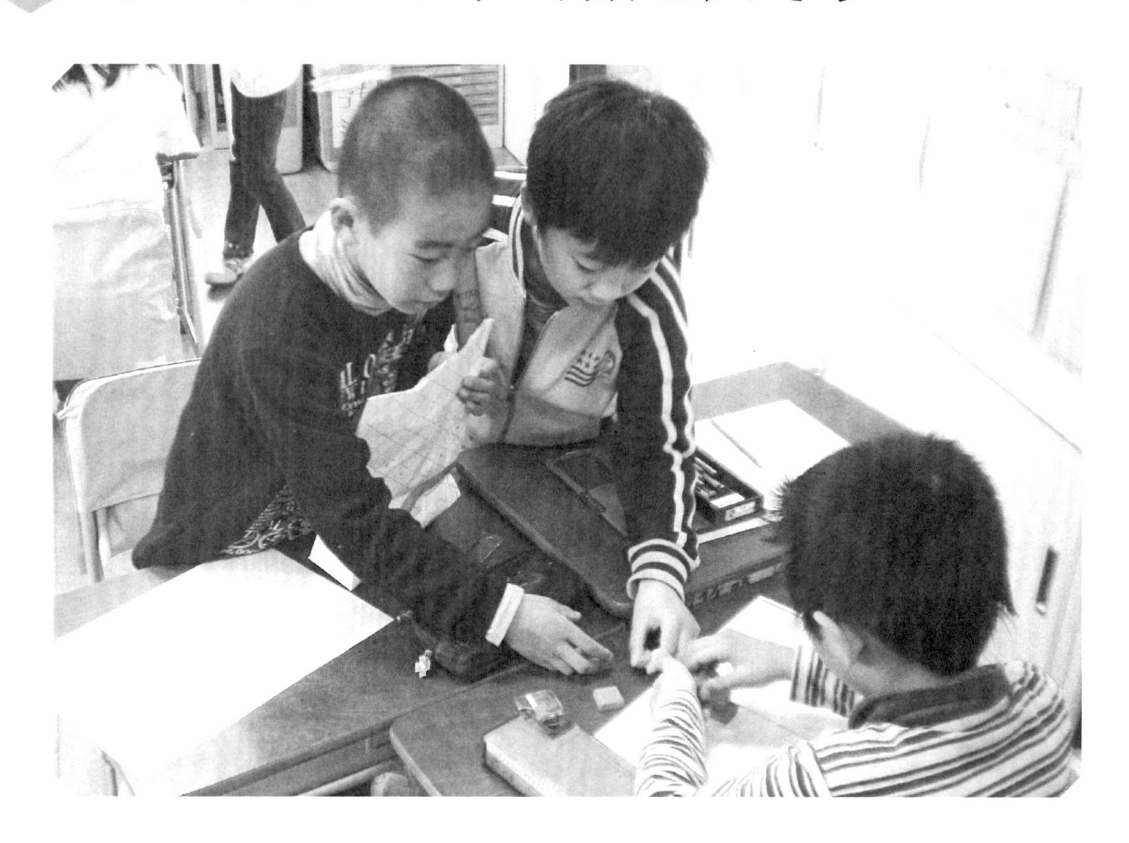

2年　1000より大きい数

1. 活動のねらい

　　この単元に入る前までに，「100より大きい数」を学習している。そこでは，「10個まとまったら次の位に移る」ということや，「各位に書かれている数字は，百や十の束の数を表している」という，十進位取記数法の仕組みを学習する。1年生の「100までのかず」においても，十進位取記数法の仕組みを学習しており，2年生ではその仕組みを使えば，さらに大きな数を表すことができるということを学ぶ。

　　十進位取記数法の便利さは，なんといっても0～9の10文字の数字で数を表現できることにある。人類の大発明の1つだといっても過言ではないだろう。その人類の大発明の過程を少しでも踏むことで，十進位取記数法の仕組みや便利さを味わうことができるのではないかと思い，本実践を考えた。

　　今まで学習した十進位取記数法の仕組みを使って，1000を超える数を考えていくというのが本実践の流れである。新しい位を子どもが作ろうとする思考過程を表現させ，クラス全体で味わいたい。

2. 活動のポイント

● オレンジ3個，白2個，緑4個を「324」と見られる理由を考える

パターンブロックのオレンジ3個，白2個，緑4個を黒板にランダムに貼り，「これは幾つですか？」と問う。そうすると，子どもは「9です」と答える。理由を聞けば，パターンブロックの数を数えたと言うだろう。その答えに，「今日は，これを324と見ます」と返す。その言葉に「どうして？」と子どもは疑問に思う。そこで，「どうすれば，このパターンブロックを324と見ることができるのか」を考える。

じっくり見ていると，オレンジ，白，緑のパターンブロックの数が，それぞれ3，2，4ということに気付く。もし気付かなければ，各色のパターンブロックを色別に整理すれば見えてくるはずである。そこまでくれば，「オレンジを100，白を10，緑を1として数えるんだ」という声が上がってくる。この声を広げ，オレンジ，白，緑の順番に並び替えて位ごとに数字を書き，「324」という数を意味することを押さえる。

各色のパターンブロックが，何の数を表しているのかを理解することが本実践のねらいに迫るための最重要事項なので，これは全員の子どもが理解できるようにしたい。

●「1000」を表すパターンブロックを考える

「100を10個集めたらどうするのか」ということを子どもに考えさせたい。「100を10個集めた数を1000（千）ということ」は既習事項として知っているが，手もとにあるのはオレンジ，白，緑のパターンブロックだけである。100を表すオレンジを10個置いて1000としてしまっては十進位取記数法の仕組みにはそぐわない。そこで，「新しいパターンブロックを使えばいい」という子どもからの声を期待したい。

オレンジが10個集まったら，1000を表すパターンブロックを新たに作りたいと感じるはずである。この思考過程を通して，「位ごとの数字は，それぞれ異なるまとまりの数を表している」ということや，「10個集まると，1つ大きな位に移動する」ということを理解しやすくなる。

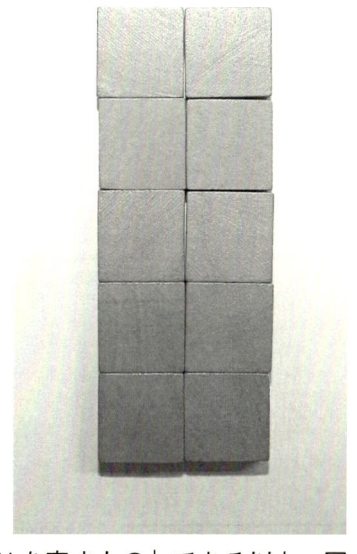

1000を表すものは何でもよいのだが，「1000のまとまりを表すもの」である以上，同じ形である必要がある。そのことからも，パターンブロックで考えることは効果的である。

3．活動の展開

1．オレンジ，白，緑のパターンブロックが，それぞれ幾つを表しているのかを考えよう

　オレンジ3個，白2個，緑4個のパターンブロックを黒板に貼り，「全部で幾つかな？」と問うと，「9！」と子どもは答えた。そこで，「今日はこれを324と見ます」と伝える。

　最初，子どもは不思議そうな顔をしていたが，次第に「わかった！」と子どもが騒ぎ始めた。何がわかったのかを問うと，「オレンジ1つが100で，それが3つだから300。白1つが10で，それが2つだから20。緑1つが1で，それが4つだから4。合わせて324になる」と説明した。

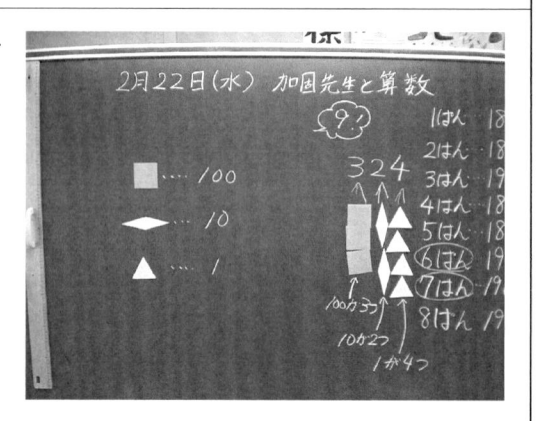

2．パターンブロックつかみ取り大会をしよう

　オレンジを19個，白を6個，緑を8個入れた袋を各班（3人）に1つずつ配り，「つかみ取り大会をします」と伝えた。

　ルールは，3人が1回ずつ袋の中に手を入れてパターンブロックをつかみ，3人が取ったブロックの合計を競うというものである。合計を考える場面が，「100が幾つ，10が幾つ，1が幾つだから…」と数を考える活動になる。3人が終わったら，オレンジ，白，緑の数を数えて，合計の数をノートに書くようにする。

　全員が合計の数をノートに書き終えたら，合計を発表させ，合計が一番大きかった班に取ったパターンブロックを黒板に貼ってもらった。

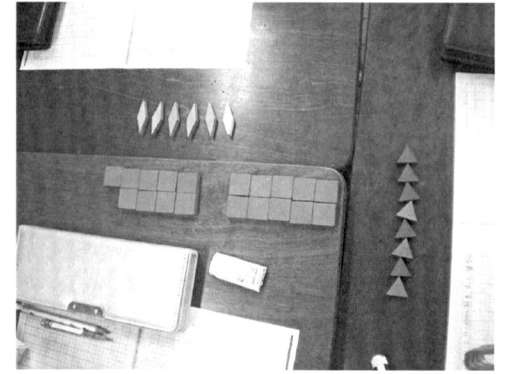

（机の上に並べたパターンブロック）

3．オレンジ10個集まったらどうするのかを話し合おう

「これは本当に1968なの？」と発問すると，すぐに「100が19個，10が6個，1が8個だから，合わせて1968」と子どもは説明した。その際，百の位，十の位，一の位という言葉も出された。同時に「10個集まると，次の位にいくから，100が10個で1000になる」という十進位取記数法に関わる発言もされた。そこで，「百の位の次は，千の位である」ということを教えた。

ここで，「10個集まったら次の位にいくと言っていたのに，百の位に19個も100の束があっていいの？」と問いかけた。すると「それはよくないから，千の位の束を作ればいい！」という返答があった。

千の位の束を何にするのかを聞くと，「何でもいいけど，オレンジ，白，緑とは違うものじゃないといけない」と答えたので，どの色のパターンブロックにするのかを決めさせた。多数決で黄色になったので，黄色のパターンブロックを千の位の束とした。

黄色のパターンブロックを使って，改めて1968を作り直した。どうすればよいのかを問うと，オレンジ10個を取って，それを黄色1つと交換すればよいと説明してくれた。

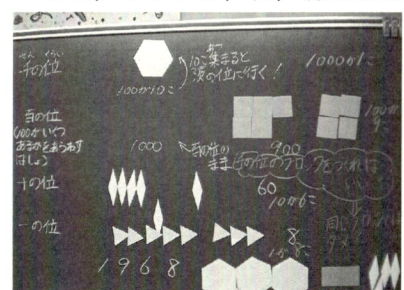

4．1000を表すパターンブロックを入れ，2回目のつかみ取り大会をしよう

机上にあるパターンブロックに，1班に5つずつ黄色のパターンブロックを追加して袋に入れさせた。もう一度，つかみ取り大会をした。時間の関係もあり，各班で代表が1回だけつかみ取りをするようにした。

4種類のパターンブロックすべてをつかみ取った班を見つけ，それぞれ幾つずつ取れたのかを発表してもらった。結果は，「1000（黄色）4つ，100（オレンジ）2つ，10（白）4つ，1（緑）3つ」で，これを「4243」と書き，「四千二百四十三」と読むことを教え，授業を終えた。

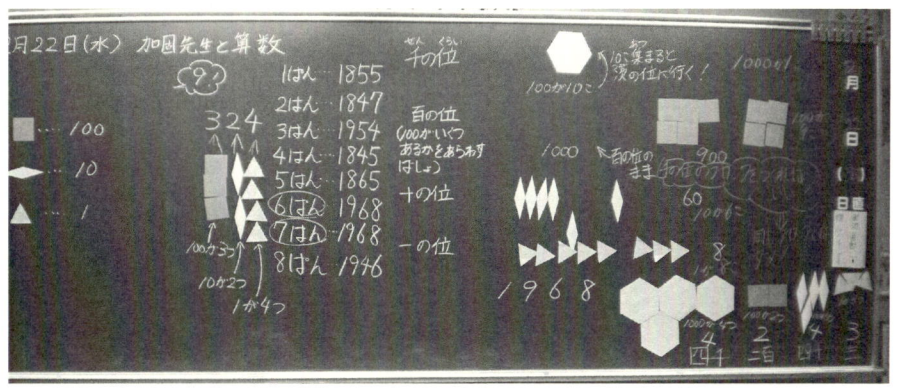

4．子どもの作品

　以下の写真は，1回目のつかみ取り大会をした時，パターンブロックを子どもが机の上に並べたものである。最初は取ったまま机の上に置いていたので，「誰が見ても数が幾つかわかるように並べてごらん」と伝えると，子どもは工夫して並べ始めた。様々な並べ方をしていたが，「種類ごとに並べる」「10のまとまりごとに並べる」ということは共通していた。

　2回目のつかみ取り大会の際，「先生，両替はしてもらえないの？」と聞く子どもがいた。どういうことかと聞くと，「オレンジが12個取れたから，その内の10個を黄色と変えてほしい」というのである。この「両替」という言葉がとても気に入った。「10個集まったら，次の位に行く」という十進位取記数法の仕組みをよく理解した姿だと感じ，他の子どもにも紹介した。

持ってきたパターンブロック 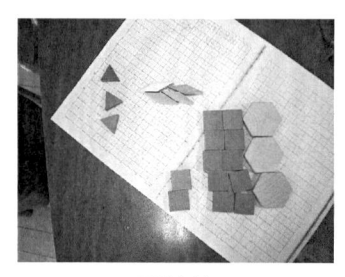　　　両替前 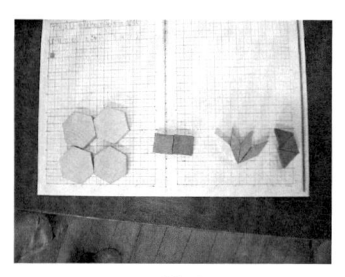　　　両替後

5．実践を振り返って

　本実践は単元の導入を想定して考えた授業である。「100より大きい数」の単元において，1000まで学習しているとともに，十進位取記数法の仕組みを学習しているので，その既習事項を使って1000を超える数を考えていくというのがねらいである。子どもからは，「1000までがそうだったから，1000を超えても同じ」という意見が自然と出され，既習事項を使って新しいこと（1000を超える数）を作る姿が見られた。

　黄色のパターンブロックを1000としてから行った2回目のつかみ取り大会の後，机上に残されたパターンブロックを見ると，十や一の位がないものもあった。本時を実践する場合，当然，似たようなことが起きることが考えられる。その場合は，ぜひ次時に取り扱い，空位のある1000を超える数の学習に役立てることをお勧めしたい。

　授業自体はとても自然と流れ，子どもの発言も活発だったが，1つ加えた方がよいと感じたことがあった。それは，「具体物を使った実感を伴う活動」である。具体的に言えば，「1000を超える数を見たり，数えたりする活動」ということである。「1000を超える数は，数えるのが大変だ」という経験をするだけでも，十進位取記数法の便利さをもっと感じることができるはずである。「1000を超える数を実感する」という活動を，単元内の学習内容として付け加えるとよいだろう。

十と一の位のブロック

　また，授業内で改善すべきだと感じたこともある。それは板書のことである。先に授業後の板書の写真を載せた（p71）が，1968を示すパターンブロックの各位が縦向きになっていることがわかると思う。子どもに貼らせたものをそのままにした結果である。上から，千の位，百の位，十の位，一の位となったことで，板書が見づらくなってしまった。子どもに貼らせる際，縦に並べるように声をかけ，位取りをより意識しやすくなるような板書の工夫をすべきだった。実践する際は，その点を考慮していただきたい。

　本時の展開は，「100より大きい数」の単元においても同様に扱うことができるはずである。また，「1000より大きい数」で10000（一万）を発見する時間でも同じように展開することができると考えられる。

11 2年 かけ算

ブロック幾つで置けるかな？

1．活動のねらい

　　赤色の台形のブロックで作られた模様を，緑色の正三角形のブロックに置き換えると，緑色のブロックが何個必要になるかを求める活動を行う。
　　２年生のかけ算の導入では，全体の数を求めるために，かけ算を用いることができる場面をしっかりととらえさせることが大切である。そのためには，基準となるかたまりが見えて，その同じ数のかたまりが幾つもあるという場面を見せることが必要である。パターンブロックを用いることで，基準となるかたまりが形として見えやすく，そのことで同じ数ずつのかたまりが幾つかある，という場面がわかりやすくなる。また，実際に子どもが机の上にパターンブロックを並べる時も，かたまりが見やすいことで問題場面を再現しやすく，イメージをもちやすい。赤色のブロックが緑色のブロック3つ分であるということがわかると，自然と子どもたちは赤色のブロックの数に注目するようになる。
　　パターンブロックを用いることで，1つ分の数と幾つ分に注目するようになり，全部の数は，基準となるかたまりの幾つ分というかけ算の仕組みがより明確となると考える。

11　2年　かけ算

2. 活動のポイント

● 赤色のブロックは，緑色のブロック3つ分でできている！

　今回の活動において，赤色のブロックが，緑色のブロック3つ分であるということは，全員の子どもにしっかりと押さえさせたいポイントである。徐々に紙を下にずらして見せていきながら，赤色のブロックが1つ見えたところで一度ストップする。ここで，机の上に赤色のブロックと緑色のブロックを取り出させる。手もとで並べてみたり，重ねてみたりすることで，赤色のブロックは，緑色のブロック3つ分であることを確認し，基準となるかたまりの数について，みんなで再確認しておく。

● 実際に並べて確認してみる！

　パターンブロックを使うよさは，かたまりを形でとらえられることと，実際に手もとで操作できることである。かけ算の導入である本時では，答えを素早く求めることよりも，場面をしっかり押さえ，かけ算の意味を理解させることが大切である。実際に並べてみる，置き換えてみるという操作を行うことで，かけ算が使える場面やかけ算の意味の理解を図っていく。

● 赤色のブロックは，全部で何個あるだろう？

　赤色のブロックで作った模様を最初から見せるのではなく，隠して徐々に見せていく。子どもたちは，模様の一部から続きがどうなっていくのかを予想していく。

　子どもたちから出てきた予想を基に，かけ算の式を作っていくことで，その模様の式だけでなく，いろいろな場面の式を考えていくことができる。

3. 活動の展開

1．赤色のブロック1つ分の大きさを確認しよう

「赤色のブロックを使って，ある模様を作ってきました。
もし，同じ模様を緑色のブロックで作ると，緑色のブロックは幾ついるでしょうか？
わかったらストップって言ってね」

上のように子どもに投げかけ，模様を隠している紙を徐々に下にずらしていく。赤色のブロックが1つ分見えたところで，一度ストップをする。
「まだわからない」「もう少し見せて」という声も上がるが，「ここまでだったら緑色のブロックは幾ついりますか？」と投げかけ，赤色のブロック1つ分は，緑色のブロック3つ分になっていることを皆で確認する。

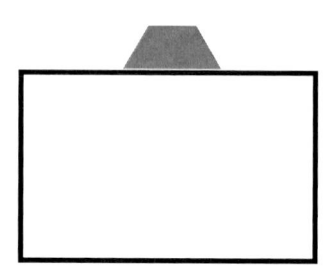

2．式で表すことはできるかな

「顔になっている」
「クローバーだ」
子どもから模様を見たイメージが出てくる。
「じゃあ，緑色のクローバーにするには，ブロックは幾ついるかな？」

赤色のブロックの数も少ないので，12個という答えはすぐに出てくる。
「式に表すことはできるかな？」と問うと，「3＋3＋3＋3＝12」と既習のたし算の式でできるという声が返ってくる。
ここで，赤色のブロックの1つ分が緑色のブロック3つ分になっていることを確認しながら，新しい式の表し方であるかけ算「3×4＝12」を導入する。既にかけ算について知っている子どもも多いと考えられるが，かける数，かけられる数があやふやな子どもも多い。実際に緑色のブロックを並べることで，3つのかたまりが4つできていることを確認させたい。

11 2年 かけ算

3．別の模様でやってみよう

　「もう一つ別の模様も作ってきたので，この模様でも考えてみましょう」
　そう言って，さりげなく黒板に提示する。
　「下が見えている！」
　あえて下の1つを見せることで，子どもたちが見えない部分を想像しやすいようにしておく。

　少しずつ下にずらし，右のようになったところで，「わかった！」という声が多くなる。そこで，一度ストップし，この続きを想像して，それぞれ机の上にパターンブロックを並べさせる。
　最初に赤色のブロック4つ分の模様を扱っているので，ここでは，赤色のブロック6つ分の模様を予想する子どもを期待した。
　多くの子どもは，6つと予想したが，7つ分と予想した子どももいた。子どもたちが，予想した模様を黒板で発表し，それぞれの模様をかけ算の式で表し，緑色のブロックの数を考えさせる。

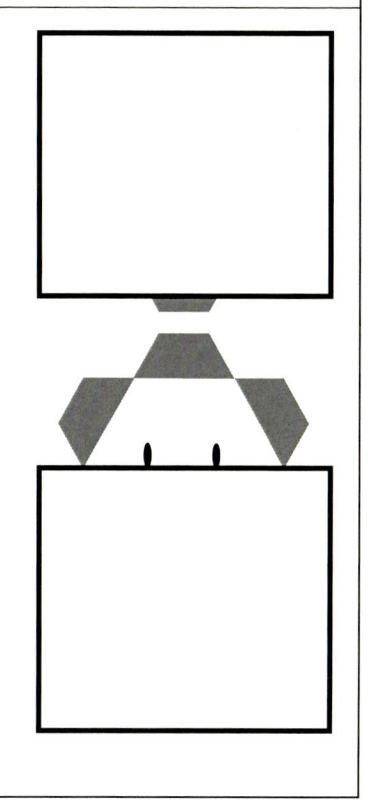

4．模様の続きを確認してみよう

　続きを予想した段階では，多くの子どもは，6つと予想し，緑色のブロックは，「3×6＝18」で18個と予想していたが，続きを見ていくと，「えー」という声が上がる。真ん中にもう1つ赤色のブロックがある。
　「ここに口があったのですね」
　そう話しながら，この模様での緑色のブロックの数を問いかける。
　「3×7＝21で21個」
　赤色のブロックの数がわかれば，かけ算の式で簡単に表せることや，3×7になることで，予想より3個増えることにも気付くことができた。

4. 子どもの予想

半分まで見せて、続きの紙に隠れている部分を子どもに予想させた。

赤色のブロック6つでちょうど一回りする図形を予想することを期待していたが、授業の中では、右下の写真のように7つで一回りするのではないかと予想した子どももいた。

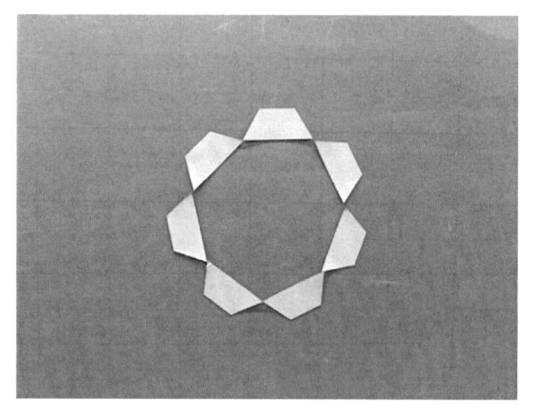

3×6=18　　　　　　　　　3×7=21

ここでは、いろいろな予想が出てくることで、正解の3×7=21という式だけではなく、様々な3の段の式に触れることができ、3×6から3×7になると答えは3増えるなど、その関係性も見ていくことができる。

隠すことで、子どもの興味を引き付けるとともに、1つの課題で多くの問題を考えることができる。

5. 発展的な扱い

本時では、赤色のブロックを緑色のブロックに置き換えるという課題を扱ったが、この発展として、青色のブロックや黄色のブロックを置き換えるという課題を扱うと、2の段のかけ算や6の段のかけ算も扱うことができる。また、複数種類のブロックを使うことで、かけ算とたし算の混合計算などにも発展させていくことができる。

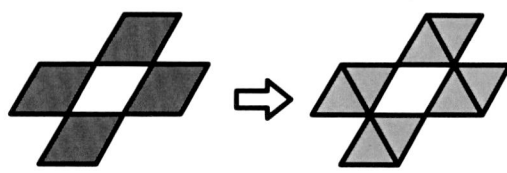

2×4=8

※ A4に拡大コピーしてお使いください。

年　　組　　名前

12 2年　かけ算

□段のクリスマスツリー
―緑のパターンブロックは何個必要？―

1．活動のねらい

　本活動のねらいは，パターンブロックでクリスマスツリーを構成する算数的活動を楽しみながら，そこに潜むきまりを見つけたり，そのきまりが成り立つことの「なぜ？」を説明したりすることにある。

　クリスマスツリーを構成し，必要なパターンブロックの数を調べていくうちに，子どもたちはその数の並びを見てきまりに気付いていく。さらに，かけ算が既習であるため，その数からかけ算の式化が可能となる。すなわち，図から式をよみ取る活動である。

　平成20年版学習指導要領には，第2学年の数量関係領域（2）において，「乗法が用いられる場面を式に表したり，式を読み取ったりすることができるようにする。」との記述がある。本活動は，これに該当する。

　段数が変化するにつれて，クリスマスツリーを構成するのに必要なパターンブロックの数も変化していく。「一方が変化すると，それに伴って他方も変化する」という見方は，4年生の「変わり方」の単元においても大変重要な見方となる。その素地的学習という位置付けでもある。

2．活動のポイント

「□段のクリスマスツリーを作る」という問題提示[1]は，子どもたち自らが問題に働きかけるようにするための手だてである。「□が1だったらすぐわかる」「□に3を入れてみたい」といった子どもの発言を引き出しながら，クリスマスツリーの作り方を皆で確認していく。

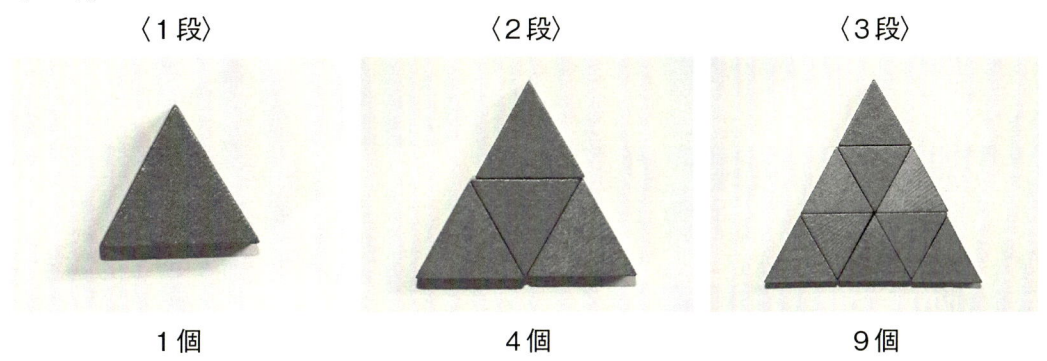

〈1段〉　　〈2段〉　　〈3段〉

1個　　　4個　　　9個

実際に調べていくと，1段の時は1個，2段の時は4個，3段の時は9個のパターンブロックになることが確かめられる。クリスマスツリーが完成したら，「1，2，3，4…」と1個ずつ数を勘定していくのだが，「数えなくてもわかるよ！」という子どもの発言を引き出す仕掛けの一つとなる。

実際の授業では，ここで「4段の時もわかった！」「きまりを見つけた！」「式がわかった！」などといったつぶやきが聞かれた。まだつぶやきが出てこないようであれば，4段の時や5段の時はどうなるか調べてみるとよい。

「4段の時もわかった！」という声を生かし，活動に入る前に皆でパターンブロックの個数を予想してみたところ，「16個」となった。パターンブロックで構成してみると，下の写真のように16個でできていることが確かめられる。

「5段だったら，パターンブロックが何個必要だろう」「49個のパターンブロックを使うと，何段のクリスマスツリーができるだろう」――このように，問題を発展させていくと，見つけたきまりを活用して問題解決を楽しむことができる。

さらに，パターンブロックをアレイ図状に並び替えることで，きまりが成り立つ理由についても説明することが可能である。

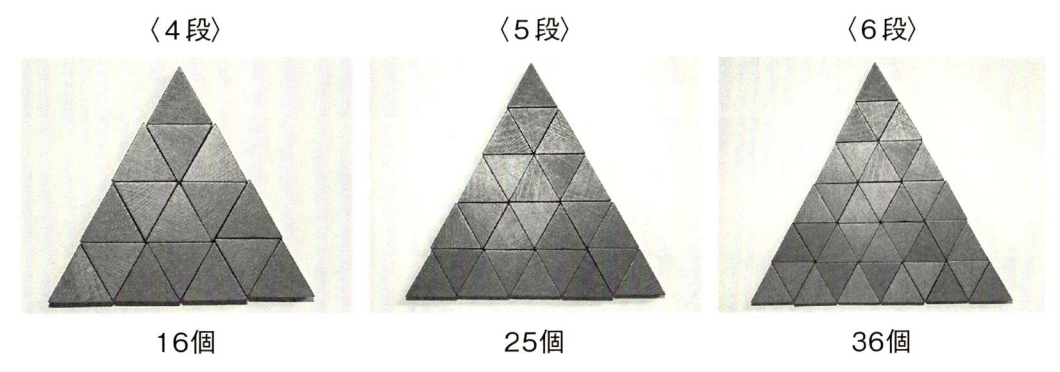

〈4段〉　　〈5段〉　　〈6段〉

16個　　　25個　　　36個

3. 活動の展開

1. クリスマスツリーを作ろう

問題場面を次のように設定する。

「□段のクリスマスツリーを作ります。緑色のパターンブロックは，何個必要ですか」

子どもたちは，「□に入る数がわからないと，ブロックの数がわからない」と言ってくる。その言葉を聞き，教師は「皆だったらどんな数を入れたい？」と問う。

子どもたちからは，「□が1だったらすぐわかるよ」「□が2の場合も簡単」「□に3を入れたい」といった反応があるだろう。

1段の場合，2段の場合，3段の場合と，クリスマスツリーの作り方を一緒に確認しながら，一つ一つの場合について，緑のパターンブロックの個数を調べていく。子どもたちの実態に応じて，4段，5段程度まで全体の場で確認していってもよい。

2. きまり発見！

$$1段 \xrightarrow{+1} 2段 \xrightarrow{+1} 3段 \xrightarrow{+1} 4段 \xrightarrow{+1} 5段 \xrightarrow{+1} 6段 \xrightarrow{+1} 7段 \xrightarrow{+1} 8段 \xrightarrow{+1} 9段$$

$$1個 \xrightarrow{+3} 4個 \xrightarrow{+5} 9個 \xrightarrow{+7} 16個 \xrightarrow{+9} 25個 \xrightarrow{+11} 36個 \xrightarrow{+13} 49個 \xrightarrow{+15} 64個 \xrightarrow{+17} 81個$$

「では，4段の時は？」

子どもたちの多くは，「16」と言ってくるだろう。ここで，なぜ16と考えたかを問う。すると，子どもたちから「4×4＝16」という式を引き出すことができる。同様に，1段の時であれば「1×1＝1」，2段の時であれば「2×2＝4」，3段の時であれば「3×3＝9」となる。

このきまりに従っていけば，5段，6段，7段の場合の個数も容易に求めることができる。中には，「かけ算九九表の斜めに並んでいる数だ」ということに気付いてくる子どももいるだろう。

また，段数が1増えるごとに，緑色のパターンブロックの個数は，＋3，＋5，＋7，＋9，＋11…と増えていく。このことを取り上げても面白い。

3. もしも5段だったら…

「もしも5段だったら？」
きまり見つけを楽しんだ後は、問題を発展させていく。すなわち、見つけたきまりを活用して問題を変えていくのである。5段の場合は、5×5＝25で、緑のパターンブロックの個数は25個とわかる。あるいは、「3段から4段に変わる時＋7だったから、4段から5段に変わる時は＋9をして25」という見方もできる。
「49個のパターンブロックを使うと、何段のクリスマスツリーができるでしょう」
このように逆に問うと、□×□＝49となるような□の値を見つける学習になる。もちろん、順々に調べていく考え方も大いに認めたい。

4.「なぜ？」の説明をしよう

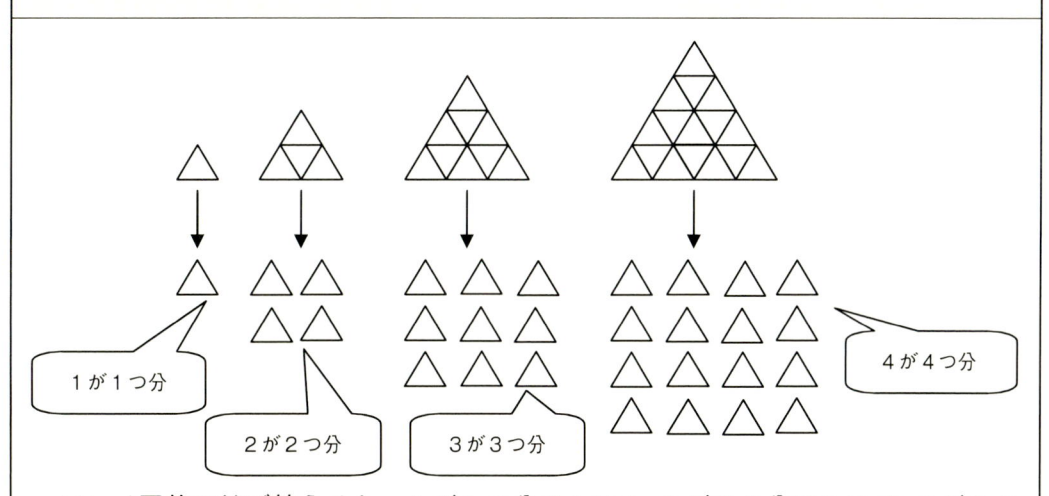

アレイ図状に並び替えると、1が1つ分で1×1, 2が2つ分で2×2, 3が3つ分で3×3……ということがよくわかる。

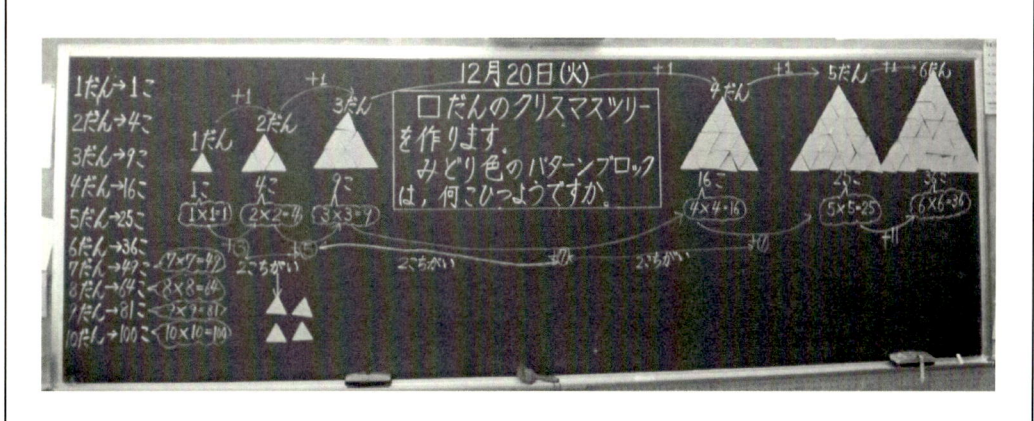

4．補足

「正方形（オレンジのパターンブロック）を使ったらどうなるだろう」[2]

　正方形を使った場合も，正三角形の場合と同様の規則性が見つけられる。正方形の場合は，ピラミッドや表彰台などと称して問題設定することが考えられる。ちなみに，正方形のパターンブロックの方が並べやすい。学級の実態に応じて，正三角形にするか正方形にするかを選択するとよい。

　ところで，アレイ図状に見た場合の個数とカギ型に見た場合の個数（奇数の和）との関係は右図のようになっている。この場合，奇数の和は，1＋3＋5＋7＝16となっており，4×4の答えと一致する。[3]

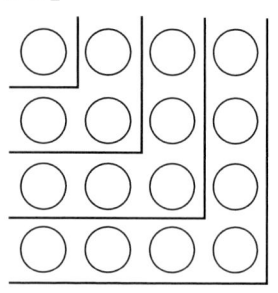

5．発展的な扱い

「○段のクリスマスツリーと同じ形を作ろう」（○＝2，3，4，…）

　例えば，「2段のクリスマスツリーと同じ形を作ろう」という問題設定をすれば，パターンブロック3個（青1個と緑2個）や2個（赤1個と緑1個）で同じ形を構成することができる。式で表現すれば，いずれも答えが4となることも確かめられる。

　また，「3段のクリスマスツリー（緑のパターンブロック9個分）と同じ形を作ろう」という問題であれば，パターンブロック3個，4個，5個，6個，7個，8個で同じ形を構成することが可能である。式で表現すれば，答えがいずれも9となることがわかる。

　参考までに，クリスマスツリーの形の構成例と式表現の例を掲載しておく。

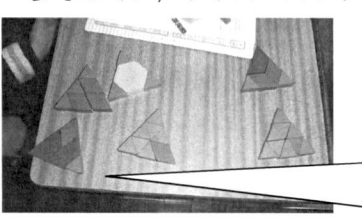

> 緑を1と見ると，青は2，赤は3，黄は6となる。

> 例えば，5個のパターンブロックで構成した場合は，
> 1×1＝1（緑）　2×1＝2（青）
> 3×2＝6（赤）　1＋2＋6＝9となる。

〈参考文献〉
1) 高橋昭彦・柳瀬泰共著（1997），『パターンブロックで創る楽しい算数授業』，p.103－p.104，東洋館出版社．
2) 同上，p.97－p.102，東洋館出版社．
3) 坪田耕三著（2007），『親子で頭を柔らかくする算数トレーニング』，p.52，亜紀書房．

※200%に拡大コピーしてお使いください。

年　　　組　　　名前

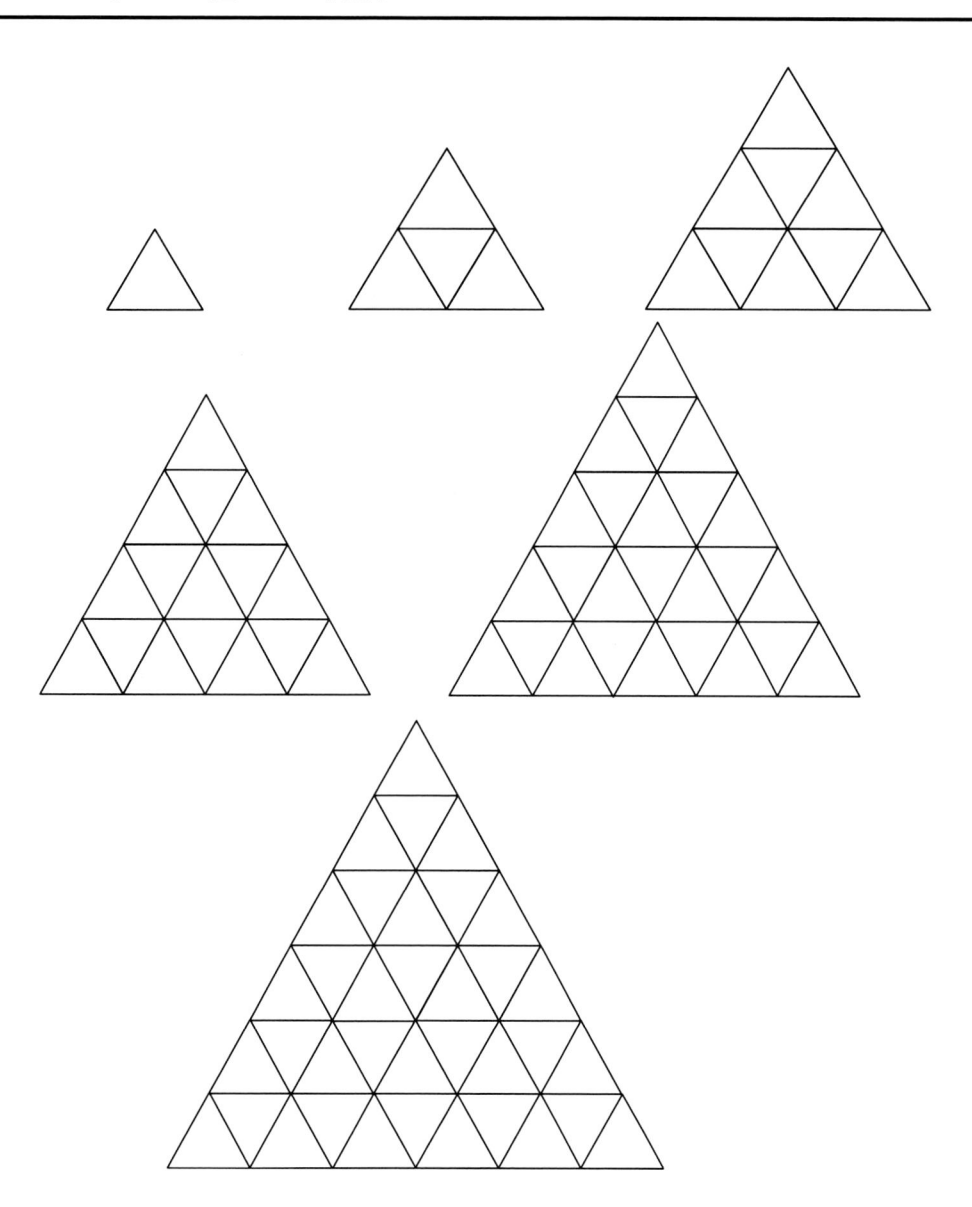

13　2年　かけ算の活用

この計算はどうやって求めるの？
―かけ算九九を超える計算への挑戦―

1．活動のねらい

　　　　かけ算九九を学習した子どもは，かけ算九九を使ってものの個数を素早く計算することができる。その際に大切なことの1つは，かけ算の意味を理解していることと，数える対象をかけ算が使える形に見ることである。
　　　本実践では，数える対象を見て，同じ数のまとまりが幾つあるかを見抜き，かけ算を使って個数を数える活用場面を作る。
　　　もう1つ大切なことは，最初は18×3や3×12に見えるものが，式や図の見方を変えることによって，既習のかけ算九九で解決できる場面を作ることである。
　　　そのような活用場面を意図的に作ることで，算数における活用力を付けることがねらいである。
　　　右のような，「お花」をパターンブロックで作る場面を作り，ブロックの個数を数える時にかけ算を使うのである。
　　　どの色のブロックで作るかによって，個数は異なり，かけ算の式も多様になる。授業では，その多様性をどのように扱うかが勝負どころになる。

2．活動のポイント

● 3つのお花を作る

　3つの「お花」を作ることが第一の課題である。最初は，黄色のお花を作る課題だが，次に赤のお花，その次に青のお花を作る話に移っていく。このときに，子どもたちが，それぞれの色のお花を，手もとに作ることができなければ，式に表したり，数え方を工夫したりする思考ができない。まずは，花の形が構成できることがポイントである。

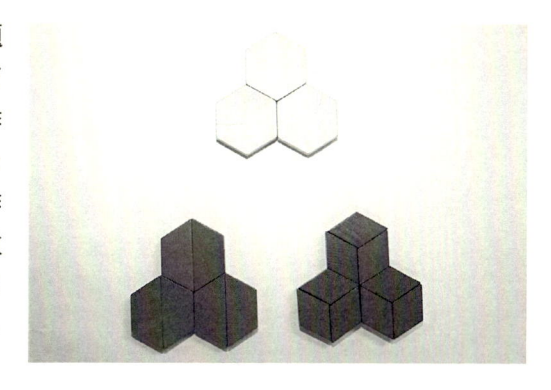

● ブロックを数える

　お花を作ったら，全部で幾つのブロックを使ったかを問題にする。

　右のような赤いお花の場合，1つのお花に2×3＝6で6個。それが3つ分なので，6×3＝18で18個ブロックを使っている。

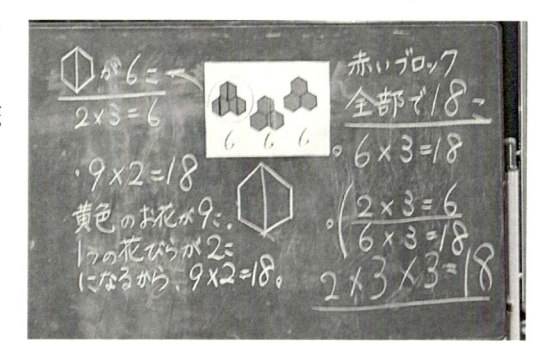

● かけ算九九が適用できない問題場面に出合う

　黄色，赤，青，最後に緑のお花を作る場面がある。

　緑のお花1つは，正三角形のブロックが6×3＝18で18個になり，それが3つ分なので，「18×3」という計算をすることが必要になる。

　この計算については，お花（図）の見方を変えることで，既習のかけ算九九が使えるようにする。これは，花びら1枚に6個のブロックを使っていて，それが9枚分あるので，「6×9」と見る方法である。

　もう1つは，式から考える方法である。3つのお花のブロックの個数を1つの式に表すと，「6×3×3」となる。結合法則を使って考えると，6×（3×3）＝6×9＝54と計算できる。

3．活動の展開

1．お花を作ろう

「これは，黄色のお花をブロックで作った絵です。ブロックで作ってみよう」
こう言って授業はスタートした。子どもたちは，手もとに黄色の正六角形のブロックを使って花びらを3つ作った。
作り終わった頃に，次のように言った。
「全部でいくつのブロックを使ったの？」
「3×3＝9で，9個です」
このように授業を導入し，本時はお花を3つ作り，使ったブロックの個数を数えるという問題に取り組むことを伝えた。

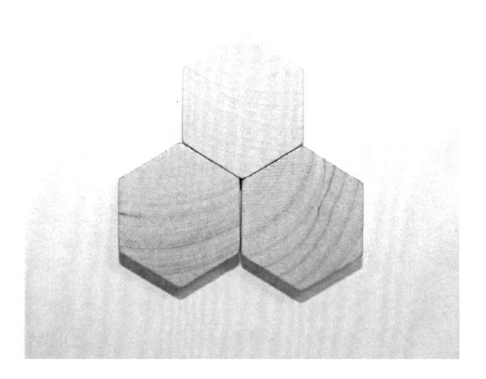

2．赤いお花を作ろう

この授業では，様々なお花を作るが，この赤のお花づくりが1つのポイントである。
赤の台形で3つのお花を構成した後，ブロックの個数を考える。
子どもから出てきた式は，6×3＝18で18個。2つの式で考えた子どもは，2×3＝6，6×3＝18，と表した。 
このときに，2×3が1つのお花の数を表していて，それが3つ分なので，2×3＋2×3＋2×3＝2×3×3，と1つの式に表せることを確認する。3口のかけ算の式に表しておくことが，赤いお花を作る時のポイントである。

3. 青いお花を作ろう

「次は，青だよ。できるかな？」
　子どもたちは，青のひし形を使って青のお花を3つ作った。
　今までの流れから，子どもたちは，言われなくてもブロックの個数をすぐに数え始めた。
　9×3＝27で27個と数えた子どもがいた。また，赤のブロックの時に1つの式に表したので，同じように1つの式で表す子どもがいた。3×3×3＝27という式で求める子どももいたのである。

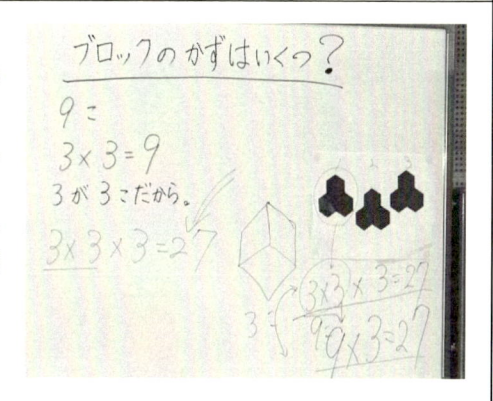

4. 18×3を計算するには…

　次に緑のお花を構成してブロックの個数を数えてみた。子どもから次のような反応が返ってきた。 
　「先生，できないよ」
　できない内容を聞いてみると，6×3＝18，18×3となるが，18×3が計算できなくて困っているとのことだった。
　ある子どもが，18＋18＋18とたし算で計算すればよいことを提案し，一応の答えを出した。答えは54になった。
　またある子どもが，次のように説明した。1つの式に表すと，6×3×3。結合法則を使って3×3を先に計算することで，6×9＝54と計算することができた。この式をよむと，6のかたまり（花びら）が9個分あるという見方になることがわかった。
　授業は，18×3を解決した時点で終了した。本実践は，平成23年12月26日に，全国算数授業研究会の私学大会で，国立学園小学校（東京都）の2年生に行った授業である。
　下の写真は，そのときの板書である。

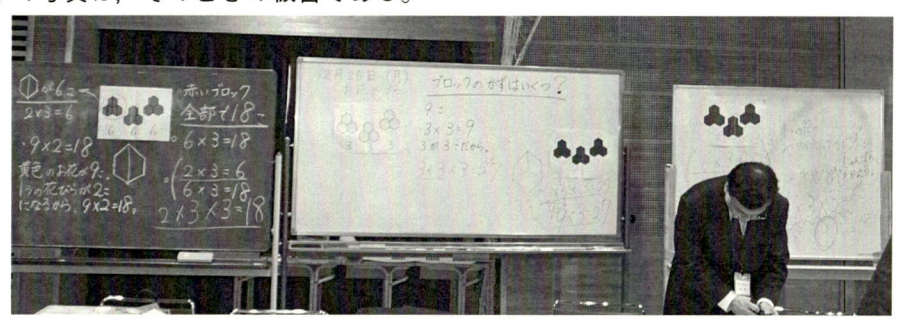

4．教材について

　本時の授業では，時間切れで扱えず結果的には次時の扱いになったのだが，右の大きな花を作るところまでやると面白い。

　右のような大きな黄色のお花の図を見せて，まずは手もとに作らせた。

「全部で何個必要かな？」
と聞くと，

「3×4＝12で12個だよ」
と答えが返ってきた。

　最初に作った黄色のお花が4つ分だと見たのである。このことを押さえた後，

「このお花をある色に変えた式がこれです。3×12。この式を見て，何色に変えたかわかるかな？」
と聞いた。青色のブロック3個で黄色のブロック1個分ができるので，

「青の花！」
と言っていた。これは，式をよんで色を判断させたのである。

　問題は，この3×12をどう計算するかである。そこで，次のように発問した。

「3×12の12を式で表すことはできないかな？」

　この12は，黄色のブロックの数なので，3×4という式にできることに子どもたちは気付いた。その気付きを生かして，3×12＝3×3×4，と表したのである。

　こう表すと，何人もの子どもが3×3を先に計算して，9×4と見ることができた。かくして，青のブロックは，36個であることを導いていったのである。

　2年生のかけ算の学習では，現在の内容では3口のかけ算の式は登場しないが，私は扱うべきではないかと考えている。

　2年生では，加法に関して成り立つ交換法則や結合法則を取り扱う。また，乗法に関して成り立つ交換法則も取り扱うことになっている。それならば，乗法についての結合法則も扱い，加法と乗法を照らし合わせる形にしたら，子どもも理解しやすいのではないかと考えるのである。

　ちなみに，3年生では，加法についての交換法則や結合法則，乗法についての交換法則や結合法則，分配法則を扱う。ただし，計算法則などを式に表し一般的に扱うのは4年生の内容ということになっている。

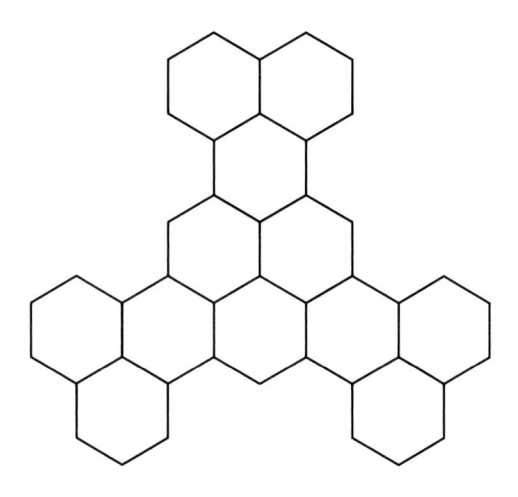

年　組　名前

※ A4に拡大コピーしてお使いください。

14　3年　あまりのあるわり算の活用

先手・後手どっちが勝つかな？

1. 活動のねらい

　　対戦形式で，正三角形のマス目の上に，交互にパターンブロックを置いていき，一番端のマス目の上にブロックを置いた方が勝ちというゲームを行う。
　　この活動では，緑の正三角形のブロック，青の平行四辺形のブロック，赤の台形のブロックの3種類のブロックを使用する。最初は，相手の出す手を予測しながら置いていくが，何回かゲームを行っているうちに，最後まで置かなくても，残りの正三角形のマスが4つになった時点で，その時点での後手が必勝することに気付く。相手のブロックに合わせて自分の置くブロックを決めることで，相手が何を置いても正三角形のブロック4つ分の平行四辺形を作ることができるからである。
　　最初は，ブロックを順に並べていくというゲームであったのが，必勝法を考えていくうちに，マスの数に注目するようになる。正三角形のマスの数が4で割り切れるかどうかが先手必勝，後手必勝のポイントである。4で割って割り切れるか，あまりが幾つになるかといったあまりのあるわり算の活用場面としてこの活動を取り入れたい。

2．活動のポイント

● ゲームの中からきまりを見つける！

子ども同士で何回かゲームを行い，その中でどうやったら勝てるのかを考えさせていく。先手が有利だという子ども，後手が有利だという子ども，先手も後手も必勝法はないという子ども様々な反応が出ると思われる。

その後，それぞれの考えを基に代表者同士が黒板上で対戦する。「必勝法を見つけた」という子どもが前で対戦することで，最初は見えていなかった子どもも，必勝法に気付いてくる。本時で最初に扱う12マスでは，後手必勝となる。

● 最後まで置かなくても勝敗がわかる!?

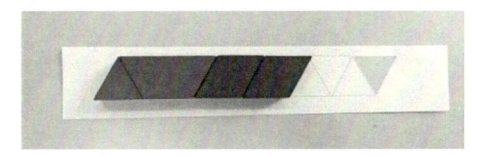

最後まで置かなくても残り４マスになった時点で，「先手の負けだ」という声が出てくる。この声を取り上げ，「どうして全部置かなくてもわかるの？」と投げかけたい。子どもたちは，「例えば緑を置いたら…」とそれぞれの言葉で負ける理由について一生懸命説明する。

残りが４マスになると，先手がどのブロックを置いても後手の置き方で，４マス分の平行四辺形を作られてしまい，必ず後手の勝ちになってしまう。

| 先手が，緑のブロックを置いた場合 | 先手が，青のブロックを置いた場合 | 先手が，赤のブロックを置いた場合 |

● １マス分増やすとどうなる！?

12マスで後手必勝ということがわかった後，13マスではどうなるかを考えさせる。１マス増えてもやっぱり後手必勝，今度は先手必勝，それぞれの意見が出てくるので，こちらも実際にゲームを行いながら必勝法を見つけさせたい。

12マス  ⇒ 13マス

3. 活動の展開

1. ゲームをしよう

　黒板に正三角形のマスが並んだ図を貼って，パターンブロックを使ってゲームを行うことを伝える。

〈ルール〉
　交互に左から順にパターンブロックを並べていく。一番右の色がついているマスの上にブロックを置いた人が勝ちとする。

　ルールを確認するために何回か先生と子どもで対戦する。さりげなく先手を譲って先生が勝つようにする。先生が勝つことで，どうしたら勝てるのかを子どもたちに意識させるようにしていく。
　対戦した結果は黒板上に残しておきたい。そうすることで，後で必勝法を考える時のヒントになる。

2. どうやったら勝てるのかな

　ルールが確認できたところで，自分もやってみたいという子どもたちも増えてくる。そこで今度は，パターンブロックの大きさに合わせた紙を配って，子ども同士で対戦できるようにする。
　「勝った」という声が上がるので，「先手で勝った？後手で勝った？」と質問し，次は別の順番でも勝てるかなと投げかけておく。
　勝つコツがわかったという子どもには，隣の友達に説明させて，本当に友達が勝てるかどうかを試させる。
　それぞれのペアで何回かゲームをさせた後，子どもたちに先手が勝てるのか，後手が勝てるのかを聞くと，「先手が勝てる」「後手が勝てる」「どちらにも勝つチャンスがある」の3通りに分かれた。そこで，先手代表，後手代表に分かれて実際に黒板上で対戦させることとした。

14　3年　あまりのあるわり算の活用

3．勝つためのコツを探そう

　残りのマスがあと4マスになったところで見ている子どもから「あ〜ぁ」という声が聞こえる。「どうしたの？」と問いかけると，「もう勝ち負けがわかった」という返事が返ってくる。残りが4マスだと必ず後手が勝つのである。

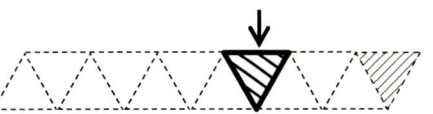

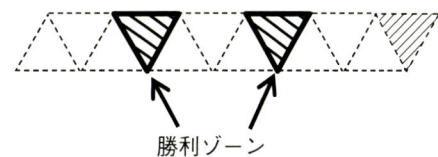

　4マス残すと後手が勝つことから，後ろから5マス目をとると勝てるという意見が出た。子どもの中から「勝利ゾーン」という言葉が出たのでこれを黒板に板書する。
　「まだ他にもあるよ」
　後ろの勝利ゾーンをとるためには，そこからさらに4マス前のマスをとるとよいという意見が出た。ここも勝利ゾーンであることがわかり，このマスは，後手が置くことができるので後手必勝になることがわかった。

4．1マス増やすとどうなるかな

　「こうするとどうなるかな？」
　そう言いながら，後ろに折って隠してあった三角形を出して13マスにする。

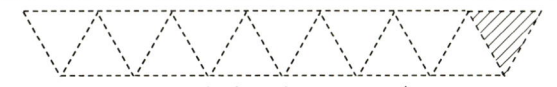

　「先手が勝つかな？　後手が勝つかな？」
　子どもからは，「先手が勝つ」という声が多く上がる。12マスの時と考え方は変わらないので，12マスの時の考えがどれくらい理解できているかを確認することができる。
　「先手で最初に緑のブロックを置いたら勝てる」
　12マスの時と同じように，後ろから勝利ゾーンを考えていくと，次のようになる。つまり最初のマスに置いた方が勝つことになる。「後ろから4マスずつ勝利ゾーンが出てくるからマスの数を4で割って考えていくとよい」
　また，別の子どもは，「先手が最初のマスに緑のブロックを置くと，残り12マスで後手の状態と同じだから先手が勝てる」という理由から先手必勝を導いた子どももいた。「最後にこれだとどうかな？」と，三角形がいくつも続いた紙を見せた。

　「先生，三角形の数は幾つ？」
　子どもが三角形の数について意識することができた瞬間である。

95

4．子どもの活動の様子

先生と対戦

子ども同士で対戦

子ども同士で対戦
（対戦した結果も残している）

先手と後手の代表者同士で対戦

5．発展的な扱い

　本時では，緑のブロックを基準に，緑のブロック2つ分の青のブロック，3つ分の赤のブロックの3種類を利用したゲームを行った。先手が何を置いても，後手が置くブロックを変えながら，緑のブロック4つ分の平行四辺形を作ることができるという性質から，合計のマスが4で割り切れる時は後手必勝。4で割り切れない時は，あまりの数のブロックを先に置いた方が必勝となる。

　では，一度に置いてもよいブロックの数を変えてみてはどうだろうか。一度に2つまで好きなブロックを置いてもよいということにする。すると，今度は先手が何を置いても後手は，7つ分の台形を作ることができる。今度は7で割り切れるかどうかが必勝法のカギになるのである。

※ A4に拡大コピーしてお使いください。

年　　　組　　　名前

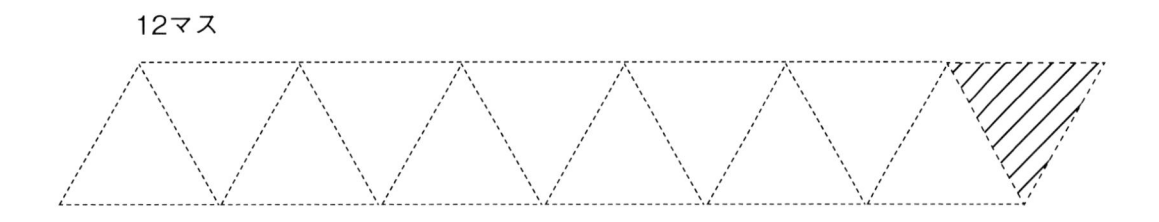

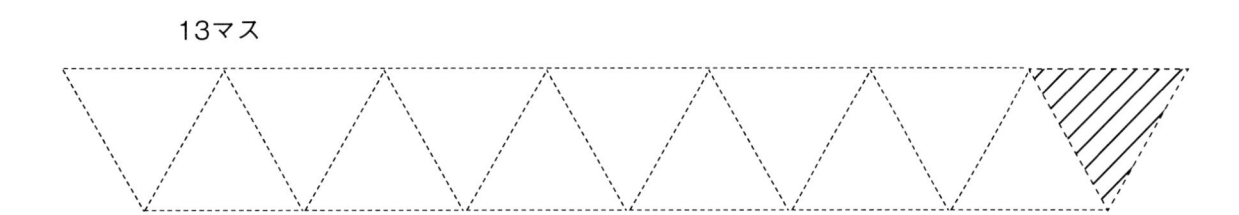

12マス

13マス

15　3年　わり算のきまり

2位数÷2位数の答えの求め方を考えよう！

1. 活動のねらい

　　わり算は，3年生ではじめて習う単元である。『平成20年版学習指導要領解説算数編』によると，主に「除数と商が共に1位数である除法の計算が確実にできること」とある。つまり九九の反対であるわり算を，確実にできることがねらいである。そして九九を越えたわり算として，「簡単な場合について，除数が1位数で商が2位数の除法の計算の仕方を考えること」というのも，もう1つのねらいである。

　　こういったことを踏まえて，3年生最後の授業などで，4年生へつなぐ架け橋として，同様に「被除数と除数が2位数で，商が1位数の除法の計算の仕方」についても考えていきたい。4年生以降でわり算の筆算の書き方などを学んでいくわけだが，どんな問題もすぐに筆算を作るのではなく，「暗算でできないか」や「工夫すれば簡単に答えが出せないか」も考えながら計算できる子を育てていきたいと考える。

2．活動のポイント

● 緑の重さから，他の色の重さを考えよう！

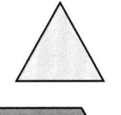

パターンブロックの緑1個の重さは約2ｇ（本来は1.5ｇ）である。このことを用いて，他の色（青，赤，黄色）は何ｇになるかを考える。

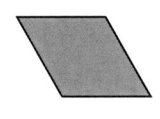

青は緑2個分なので，
2×2＝4ｇ

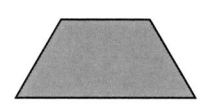

赤は緑3個分なので，
2×3＝6ｇ

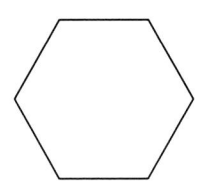

黄色は緑6個分なので，
2×6＝12ｇ

● 60ｇの重さになる形を1色で作ろう！

まずは，それぞれの色でもし60ｇの重さの形ができるとしたら何個くらい必要かを式で考える。

緑：60÷2　　青：60÷4　　赤：60÷6　　黄：60÷12

この答えが，「割り切れたら1色で作ることができ，あまりが出たら作れない」ことを確認していく。その上で緑と赤は，簡単に計算ができそうであることに気付かせ，残りの青と黄色ができるのか，また何個でできるのかをパターンブロックを使って考えていく。

● 緑30個で形を作ってみよう！

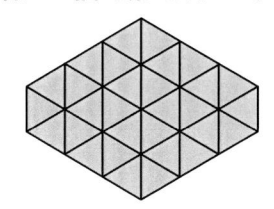

→ 青にすると何個になるかな？

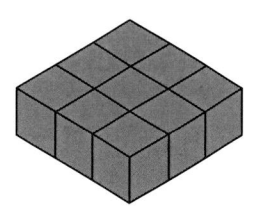

中には，青だけでは表せない形もあるが，緑2個分で青1個分と同じことから，すべて15個分であることを押さえる。

● 緑と青の式を見て，気が付くことはないかな？

緑：　60　÷　2　＝30
　　　　　　×2↓　　↓÷2
青：　60　÷　4　＝15

「割られる数が同じ時，割る数が○倍になると，商は÷○になる」というわり算のきまりを使って，同様にして赤と黄色の式の関係から，60÷12の答えを解決していく。

3．活動の展開

1．パターンブロックの重さは何gだろう

「緑1個分の重さは何gだと思う？」という予想から始め，実際に持たせてさらに予想させる。その上で，どのようにしたら確かめられるかを尋ねたら，「秤にのせる」と言うだろう。しかし，こんな軽い物を秤に乗せても測れないのではないかということから，天秤を使って1円玉と重さ比べをしてみる。すると約2g（実際は1.5g）であることがわかる。

すると，子どもたちから「じゃあ，他の色の重さもわかるよ」という声が聞こえてくる。

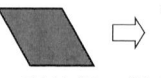

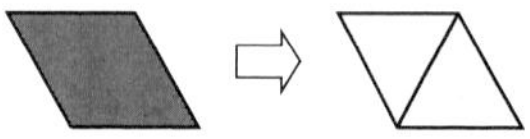

青は緑2個分なので，
2×2＝4g

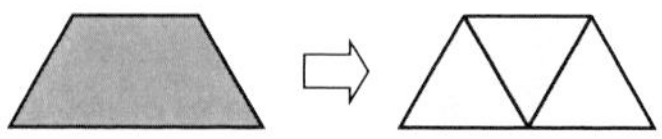

赤は緑3個分なので，
2×3＝6g

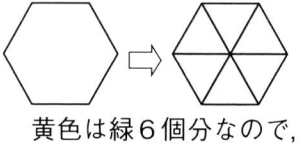

黄色は緑6個分なので，
2×6＝12g

2．60gの重さになる形を1色で作るには…

何個くらいでできそうかを式を出させて考えさせる。

　　　緑：60÷2　　　青：60÷4
　　　赤：60÷6　　　黄：60÷12

まず，この答えが，「割り切れたら，1色で表すことができ，あまりが出たら作れない」ということを確認する。そして，どの計算ならば，答えが出せるのかを考えていく。まず緑か赤ならば求められることを復習する。

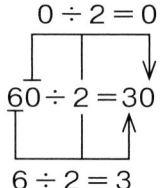

0÷2＝0
60÷2＝30
6÷2＝3

（同じようにして，赤も暗算で60÷6＝10と求められることも確認しておく）

ここでパターンブロックを用いて，緑30個で本当にできるかを確認するために，各自（2人1組）で緑30個でできる形を自由に作らせる。

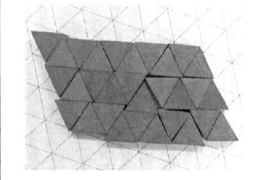

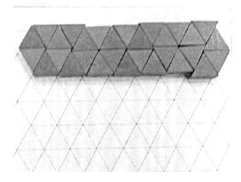

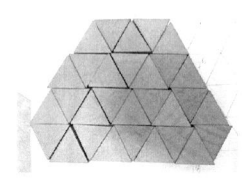

15　3年　わり算のきまり

3．緑30個で形を作ったら，青に変えてみよう

　そして緑30個で作った形を，青だけに置き換えてみる。すると，大半の子が上に重ねるだろう。青にすべて置き換えることができた個数が60÷4の答えになることがわかる。しかし，青に置き換えられない形もある。

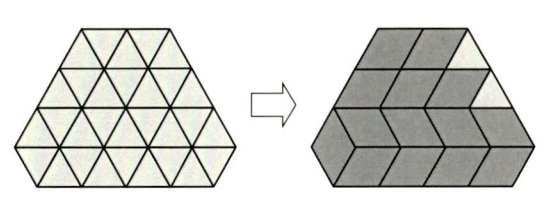

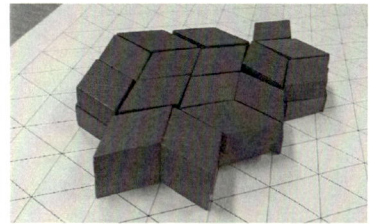

　それでも，緑2個分で青1個分であることから，青が14個と緑が2個（＝青1個）でも合計15個分の青になることがわかる。

4．緑と青から，黄色の答えを考えよう

　緑と青の式を並べてみると，以下のような関係に気が付く子がいる。
　緑：　60　÷　2　＝30
　　　　　　　×2↓　　↑×2
　青：　60　÷　4　＝15
　この式でもよいのだが，一方向にそろえるために，下のように置き換える。
　緑：　60　÷　2　＝30
　　　　　　　×2↓　　↓÷2
　青：　60　÷　4　＝15
　この割る数が2倍になったら，商は半分になることが，赤についても同様に言えるかを考えてみる。
　緑：　60　÷　2　＝30
　　　　　　　×3↓　　↓÷3
　赤：　60　÷　6　＝10
　すると，2倍だけではなく，3倍の時も成り立つことに気が付いていく。
　そして，黄色（60÷12）の答えも求められるようになるだろう。
　緑：　60　÷　2　＝30
　　　　　　　×6↓　　↓÷6
　赤：　60　÷　12　＝5
　以上のことより，わり算のきまりとして，
　「割られる数が同じ時，割る数が×△になると，商は÷△になる」ということをまとめていく。

4．指導上の留意点

　本実践は，4年生の学習内容である「2位数÷1位数」を習った後の，「2位数 ÷ 2位数」の学習前に行ってもよいだろう。大切にしていきたいのは，答えを求めることだけではなく，答えを求める過程である。どんな問題もすぐに筆算を作るのではなく，「暗算でできないか」や「工夫すれば簡単に答えが出せないか」と考えながら計算できる子を育てていきたいと考える。

　こういった「考える」ことを大切にするならば，授業の最後にきまりがわかっても，本当にその答えになるかを合わせて確認していく必要があるだろう。答えを出して終わりではなく，本当にその数だけで形ができるのかどうかを考えさせたい。

　活動3の緑から青に変換するだけでなく，緑30個で作った形を黄色5個に変換できるのかを確認していく。

　しかし，先ほどの青が15個入らない時と同様に，5個ぴったり入る形もあれば，入らない形もある。その場合は，先ほどと同様に，黄色5個分になっていることを確認する（下図参照）。

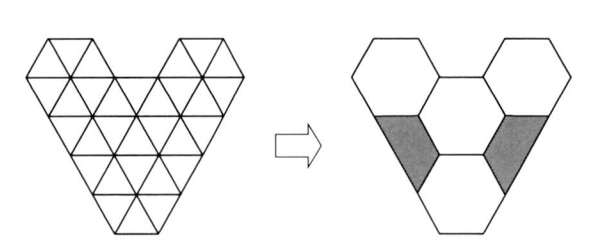

　赤2個分で黄色1個分であることから，黄色が4個と赤が2個（＝黄色1個）でも合計5個分の黄色になることがわかる。

5．板書

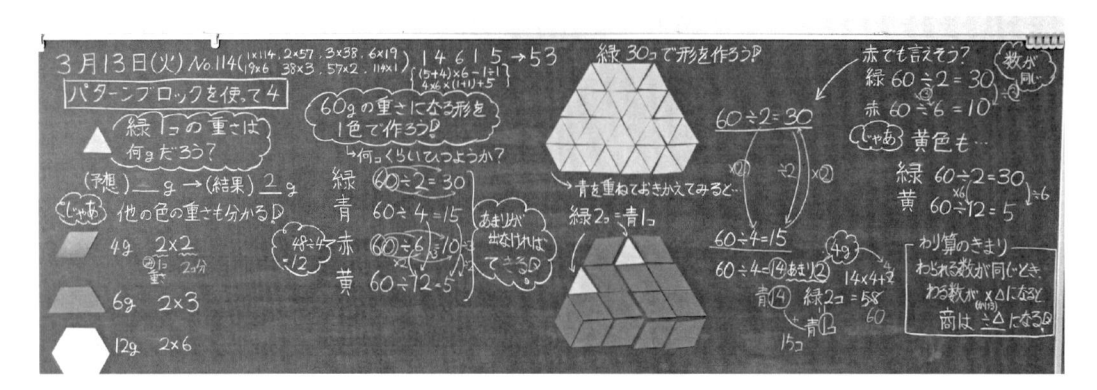

※200%に拡大コピーしてお使いください。

年　組　名前

16

3年　分数

1と同じ大きさの分数を考えよう！

1. 活動のねらい

　3年生の分数では、「等分してできる部分の大きさや端数部分の大きさを表すのに分数を用いること。また、分数の表し方について知ること」、「分数は単位分数の幾つ分かで表せることを知ること」が目標とされている（加法・減法については除く）。

　パターンブロックを一番使いやすい場面と言えば、この分数の単元であろう。黄色のパターンブロックを1とみた時に、赤は$\frac{1}{2}$、青は$\frac{1}{3}$、緑は$\frac{1}{6}$と表すことができる。そこで、例えば、青が2つ分を、どのような分数に表すことができるのかを考えさせることにより、「同じ大きさに分けたうちの幾つ分か」ととらえることができ、分数の理解を深めることができる。同様にして、赤2つ分はどのような分数に表すことができるのかを尋ねれば、$\frac{2}{2}$と答えるだろう。そこで赤2つ分は、黄色と同じ大きさであることから、$\frac{2}{2}=1$であることを子ども自身で発見し、分母と分子が同じ時は1と同じ大きさになることを実感させることができる。

２．活動のポイント

● 黄色と同じ大きさ・形を１色で作ろう！

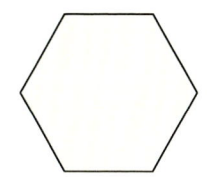

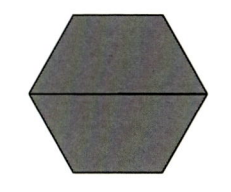

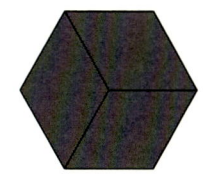

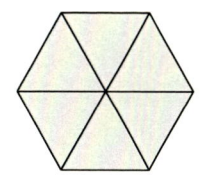

オレンジや白ではできないことを確認する。

● 黄色を１とした時，赤・青・緑はどのように表すことができるかな？

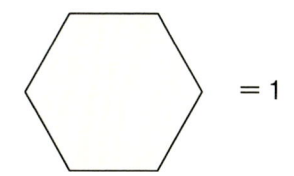

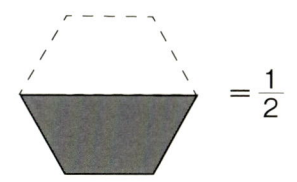

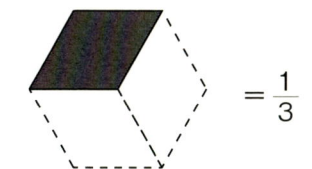

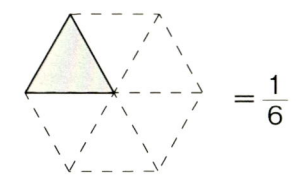

$= 1$

$= \dfrac{1}{2}$

$= \dfrac{1}{3}$

$= \dfrac{1}{6}$

● では，青２つ分，緑５つ分の形は，どのように表すことができるのかな？

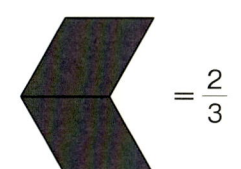

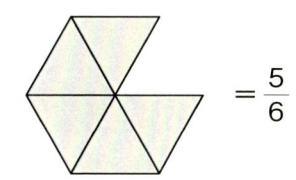

$= \dfrac{2}{3}$

$= \dfrac{5}{6}$

→なぜそういった表記ができそうかを考える。

● 同じようにして考えると，赤２つ分の形は，どうかな？

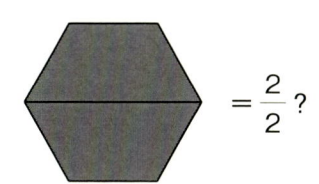

$= \dfrac{2}{2}$ ？

でも，「黄色と同じ大きさだから，１と表すことができるのではないか」ということから，どんな分数が１と同じ大きさになるかを考えさせていく。

105

3. 活動の展開

1. 黄色と同じ大きさ・形を1色で作ってみよう

　黄色のパターンブロックと同じ大きさ・形を1色で作るには，赤・青・緑でしか作ることができない。それぞれ何個使うかを調べておくことにより，このあと考える「幾つに分けた」となる分母と，その数が同じになることに気が付くだろう。

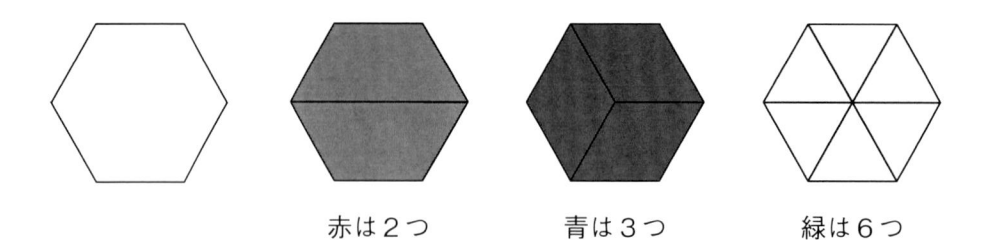

赤は2つ　　　青は3つ　　　緑は6つ

2. 黄色を1とすると…

　まず，黄色を1とした時に赤はどのように表すことができるかを考えさせる。

$$= 1 \qquad = \frac{1}{2}$$

　子どもには，必ず「なぜ$\frac{1}{2}$と表すことができるか」を考えさせ，「2つの同じ大きさに分けたうちの1つ分」であることを確認していく。
　「同じように考えると，青と緑はどのように表すことができるかな？」

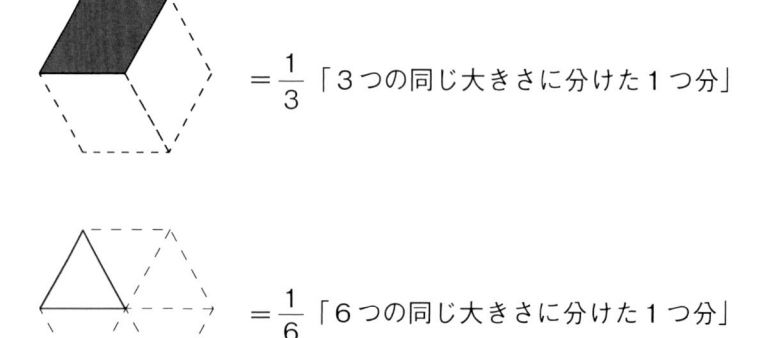

$= \frac{1}{3}$ 「3つの同じ大きさに分けた1つ分」

$= \frac{1}{6}$ 「6つの同じ大きさに分けた1つ分」

3．青2つ分は幾つかな

次に「では，この形（青2つ分）は，幾つと表すことができそうかな？」と問う。

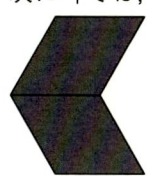

= $\frac{2}{3}$ 本当に？　なぜ？

$\frac{1}{3}$で考えると「3」は3つに分けたという意味で，「1」は1つ分という意味だから，この形は，3つに分けたうちの2つ分なので，1のところを2に変えることができると考えるだろう。

このように，なぜ，そのように考えたのかの理由を聞くことにより，「等分してできる部分の大きさ」，そして「単位分数の幾つ分かで表せること」といったことを意識させて，分数について理解を深めていくことが大切である。

その上で，分数の表記の仕方として，

$\frac{1}{2}$ ←分子（幾つ分か）
　　←分母（幾つに分けた）

と教えていく。

4．1と同じ大きさの分数について考えよう

今度は「では，この形（赤2つ分）は，幾つと表すことができそうかな？」と問う？

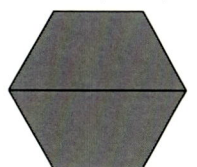

2つに分けた2つ分だから，$\frac{2}{2}$と答える子が多いだろう。

しかし，中には「2つに分けた2つ分ということは，全部と同じ」ということや，「赤2つ分は一番はじめにやったように，黄色と同じ大きさ・形である」ことに気が付く子がいるだろう。

そこで，$\frac{2}{2}=1$ と表すことができることを教える。

また，「他に1になる形はあるかな？」と尋ねれば，$\frac{3}{3}$か$\frac{6}{6}$も挙がるだろう。

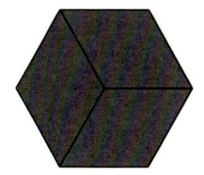

= $\frac{3}{3}$ 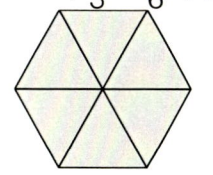   = $\frac{6}{6}$

「何か気が付いたことがないかな」と尋ねると，子どもたち自身が「分母と分子が同じ時は，1と等しくなる」ということを発見し，実感できるはずである。

107

4．発展的な扱い

活動3の「単位分数の幾つ分か」の練習問題として，次のような形を考えてもよいだろう。

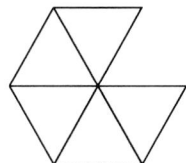

6つに分けた5つ分だから，$\dfrac{5}{6}$

時間があれば，緑1個から5個まで1つずつ増やしていって，$\dfrac{1}{6}$～$\dfrac{5}{6}$までの形を作らせて，イメージさせてもよい。

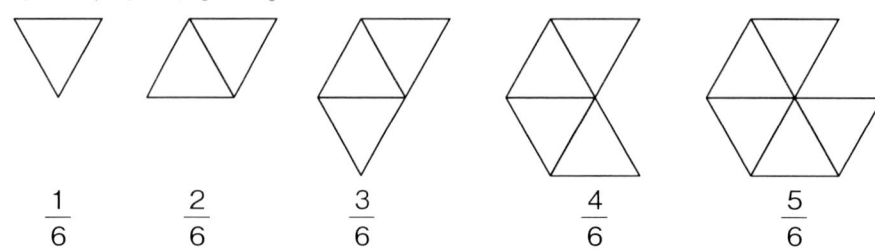

$\dfrac{1}{6}$　　$\dfrac{2}{6}$　　$\dfrac{3}{6}$　　$\dfrac{4}{6}$　　$\dfrac{5}{6}$

このとき，緑2個で表される$\dfrac{2}{6}$と青1個で表される$\dfrac{1}{3}$が同じ大きさであることに気が付くだろう。4年生で扱う「同値分数」や5年生で扱う「約分」の考えにつながる素地として大切なことである。しかし，混乱してしまう子どももいると思うので，ここでは大きく取り上げなくてもよい。

（同じ大きさ・形になる例）

5．板書

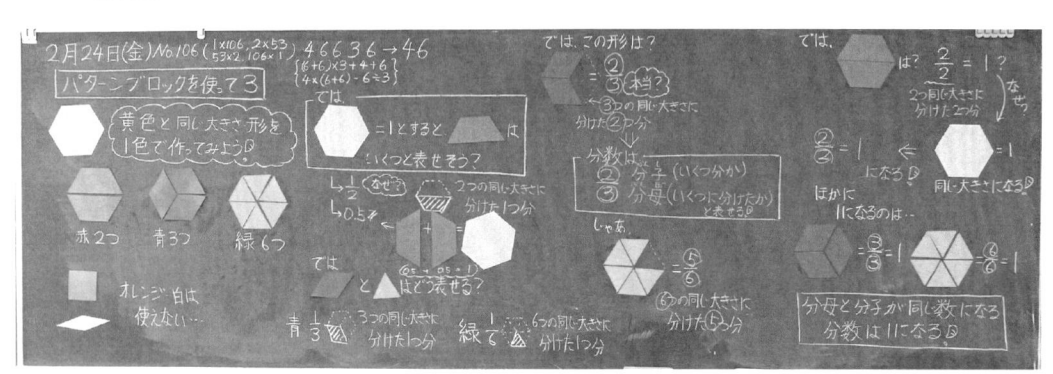

第2章　パターンブロックで「わかる」「楽しい」算数の授業

年　　組　　名前

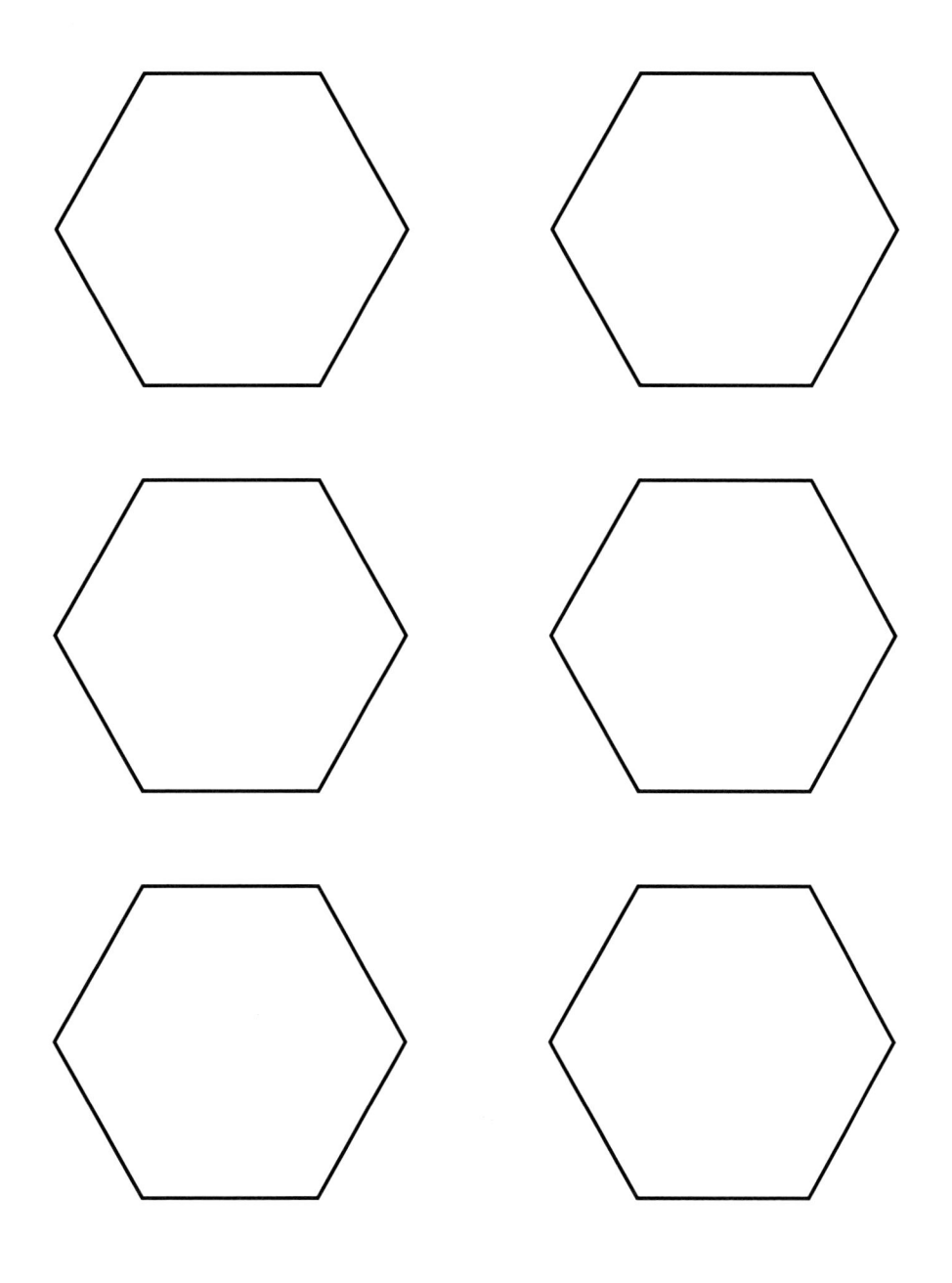

17　形は違うのに，同じ $\frac{1}{4}$ なの？

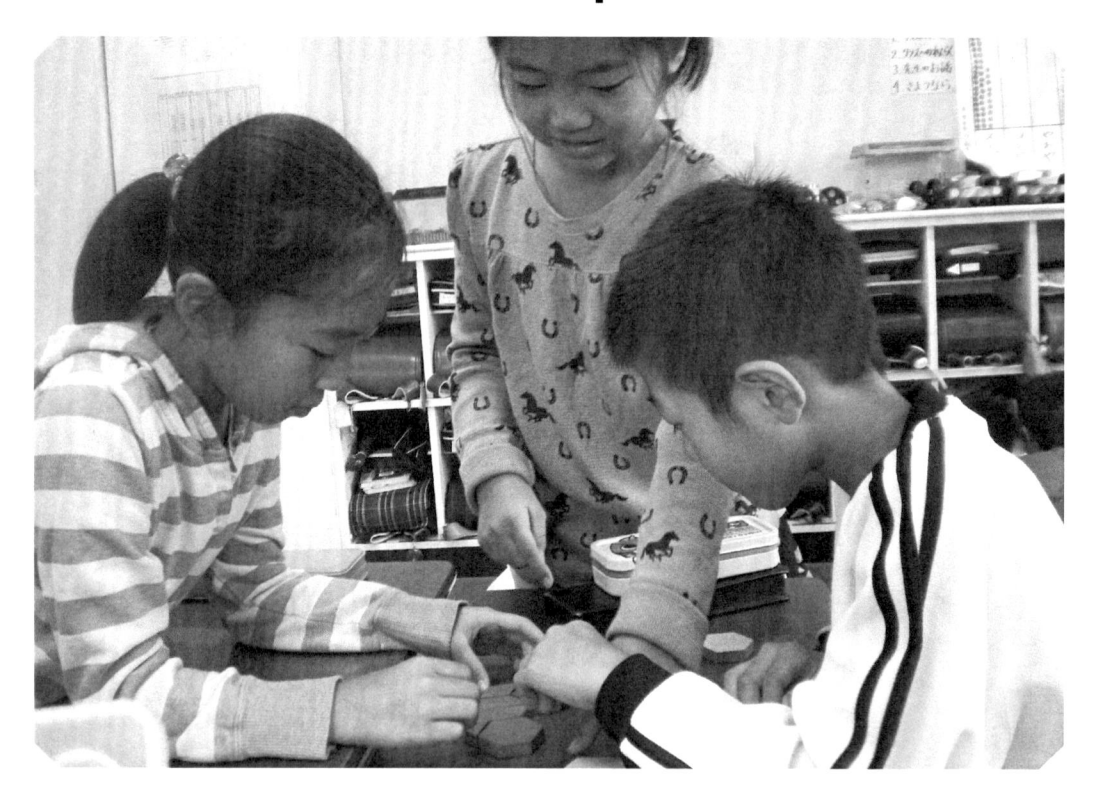

3年　分数

1. 活動のねらい

　2年生では，「半分＝$\frac{1}{2}$」や「半分の半分＝$\frac{1}{4}$」という分割分数を学習してきた。2年生では，主に形を作る活動を通して分数を学習してきている。それは，視覚や操作を通して分数の概念を理解しやすくするためである。分数の概念を理解するためには，自分の手で「分数を作る」という活動は大切であるが，一方で，形にとらわれすぎてしまい，「分数というのは，同じ形に分けることだ」という考えをもってしまいかねない。

　3年生では，もとにする量を固定するためにも量分数で場面を設定し，単位分数を使って「$\frac{2}{3}$ は $\frac{1}{3}$ の2つ分」ということを知り，簡単な同分母分数同士の加法減法を学習する。そのためには，「分母の形は違っても，量が同じであれば同じ分数になる」ということを理解しておくことが望ましい。本時は，3年生で分数の学習をする前に行う授業として考えた。

　本時を通じて，「同じ形に分ける」という分数の見方に加え，「同じ量に分ける」ことでも分数に表せることを理解し，分数の見方を1つ増やすことをねらう。

2．活動のポイント

● 既習の分数の意味を丁寧に扱う

2年生で学習する分数は，分数について理解する上で基盤となる素地的な学習活動である。具体物を用いて，「半分のことを$\frac{1}{2}$」「半分の半分のことを$\frac{1}{4}$」ということを学習する。その学習を基に「1つのものを同じ大きさに2つに分けた1つ分を$\frac{1}{2}$」ということなど，分数の意味も学んでいる。

しかし，ここで「同じ大きさ」という場合，多くは「同じ形」になるように切ったり重ねたりすることで分数を表すことがほとんどである。「大きさ」を「量」ではなく「形」ととらえて分数の意味を学んでいるということである。

本時は，2年生で学習した分数の意味を基に，分数の見方を広げることが目的である。よって，授業の導入において，子どもたち全員が既習の分数の意味を思い出せるようにしたい。当然，形として分数を認識している子どもがほとんどであるから，「同じ形に分ける」という考えが出されるはずである。

「$\frac{1}{2}$とは何か」を問えば，「半分」や「1つのものを，同じ大きさに分けた1つ分」など，2年生で学習したことが出されるであろう。そういった言葉を丁寧に板書し，分数の意味を思い出させていくのである。

⬢「違う形でも，同じ$\frac{1}{4}$と言えるのか」を考える

今まで「同じ形に分けることが分数」と考えていた子どもはここではじめて「量」を意識して分数を見直すことになる。もとの形（写真）が六角形のため，$\frac{1}{4}$に分割しようとしても，パターンブロックでは同じ形を4つ作ることができない。

そこで，自分で任意単位となるパターンブロックを1つ決め，もとの形の大きさがそのパターンブロックの幾つ分かを考える。緑ならば24個分，青ならば12個分，赤ならば8個分である。もとの形の個数がわかったならば，4で割れば1つ分の個数がわかる。その個数のパターンブロックで作った形ならば，すべて$\frac{1}{4}$となる。ここが授業の山場である。

「4つを同じ形に分けていないから$\frac{1}{4}$とは言えない」という子どもと，「4つとも同じ数だけのパターンブロックがあるから，$\frac{1}{4}$だ」という子どもの話し合いを通じて，「同じ量に分けても分数になるのだ」という新しい見方を獲得させる。

3. 活動の展開

1. もとの形を作ろう

　もとになる形を黒板に提示し，その形がどんな形かを話し合う。そのとき，パターンブロックの特徴と対比させながら「黄色のパターンブロックと同じ形」等，パターンブロックの構造を思い出させるようにしたい。また，関心を高めるために名前を付けてもよい。今回は，角が6つあるから「ろくちゃん」と命名された（以降，もとの形は「ろくちゃん」とする）。

　次に，シルエットを配り，パターンブロックで子ども自身が「ろくちゃん」を作る。子どもは，こちらが予想する以上に多様な種類の「ろくちゃん」を作っていく。そして，そのいくつかを黒板で子どもが再現する。

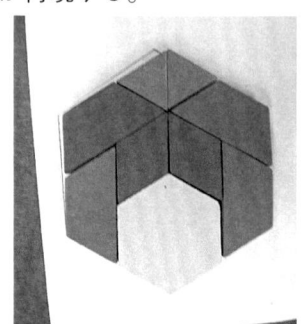

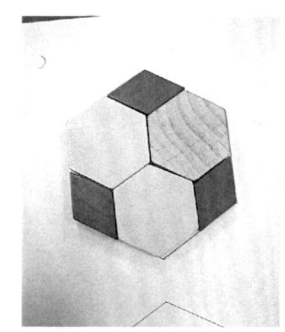

2. 「ろくちゃん」を $\frac{1}{2}$ にしよう

　まずは，$\frac{1}{2}$ とはどういうことなのかを問い，クラス全員が $\frac{1}{2}$ の意味を理解できるようにする。2年生の学習を思い出し，「半分」という言葉を出させたい。そして，「ろくちゃんを $\frac{1}{2}$ にすることはできるかな？」と発問し，「ろくちゃん」の $\frac{1}{2}$ を作る。

　最初に黒板で作られた「ろくちゃん」を基に，みんなで $\frac{1}{2}$ を考える。写真を見るとわかるが，最初に「ろくちゃん」を作った時は，真ん中下の青2つ緑2つで作られたところが黄色1つで作られていた。

　しかし，「黄色はくっついていて切れない」から，青2つ緑2つに置き換えて2つに分けたのである。この反応からも，分数を「同じ形に分けること」と認識している子どもが多いことがわかる。

　「同じ形になったから $\frac{1}{2}$ だ」という素直な反応を板書していく。

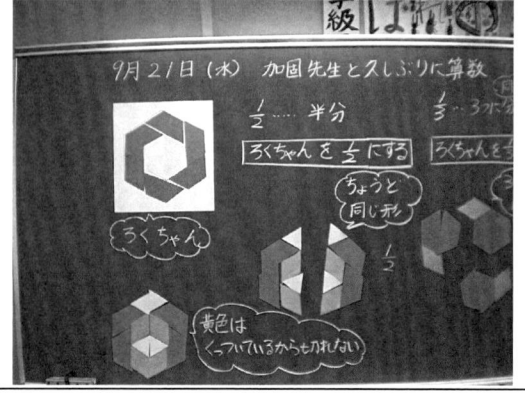

3. 「ろくちゃん」を$\frac{1}{3}$にしよう

$\frac{1}{2}$の次に$\frac{1}{3}$を作る。$\frac{1}{2}$は「半分」という意味であったが，$\frac{1}{3}$は「もとの大きさを，同じ大きさに3つに分けた1つ分」という，より詳しい分数の意味を押さえる。2年生の時に$\frac{1}{2}$を「もとの大きさを2つに分けた1つ分」と学習しているので，そこから類推できるようにしたい。

$\frac{1}{2}$の時は半分に分ければよかったが，$\frac{1}{3}$になると簡単にはできない。ここで新しい視点が生まれる。今まで線対称的に形を見ていたが，点対称的に見直すのである。子どもからは「くるくる回すように考えればできる」という発言があり，その言葉をヒントに多くの子どもが$\frac{1}{3}$を作っていった。ここで，工夫して分ける経験をしておくことが，次の$\frac{1}{4}$につながっていく。ただし，ここでも子どもの分数に対する意識は「同じ形に分けること」である。

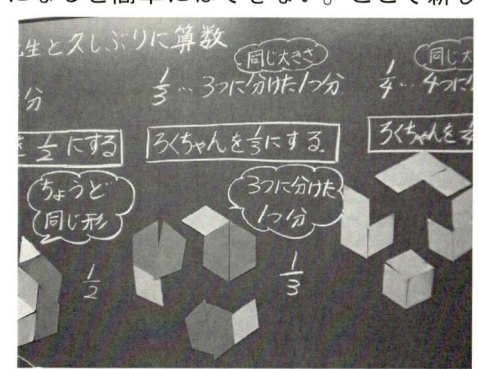

4. 違う形だけど，本当に「ろくちゃん」の$\frac{1}{4}$なのか考えよう

「ろくちゃん」は，4つの同じ形に分けることができない。ここではじめて量に着目して分数を見ようとする。実際には，自力で正しい$\frac{1}{4}$を作ることができた子どもは半数ほどである。

$\frac{1}{4}$に分けることができた子どもに黒板に再現してもらう。4つの違う形が出され，「これを$\frac{1}{4}$と言えるのかどうか」を考える。これまで「同じ形に分けること」が分数だと考えていた子どもにとっては全く新しい見方である。本実践でも，形が違うというだけで，同じ$\frac{1}{4}$と見られない子どもが多数いた。ここで，子ども同士の話し合いで「同じ量に4つに分けた1つ分」ということを見つけさせていきたい。

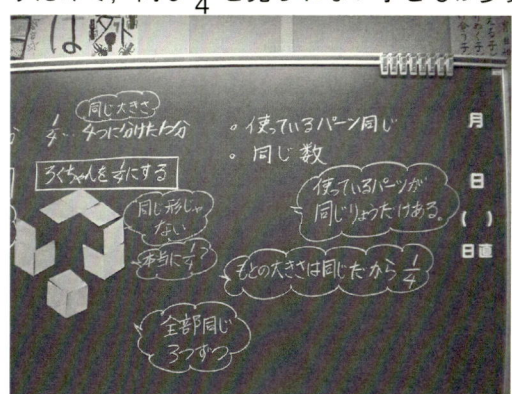

そのために，緑・青・赤・黄色のいずれか1つを任意単位として「ろくちゃん」を量としてとらえ直し，「全部同じ数ずつあるから同じ」ということを引き出していく。その過程で，わり算（等分除）を使うと理解しやすい。例えば，青を任意単位とすれば，「12÷4＝3」となる。

4．子どもの考え

㋐「ろくちゃん」を$\frac{1}{2}$にする。

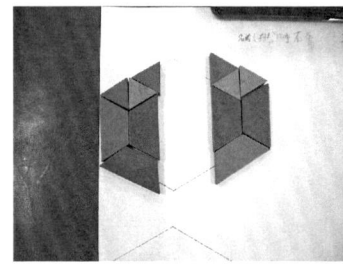

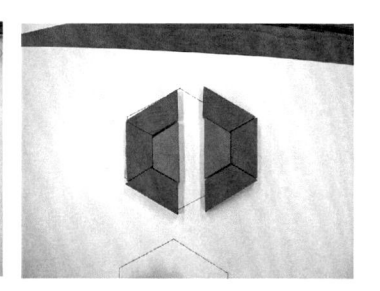

㋑「ろくちゃん」を$\frac{1}{3}$にする。

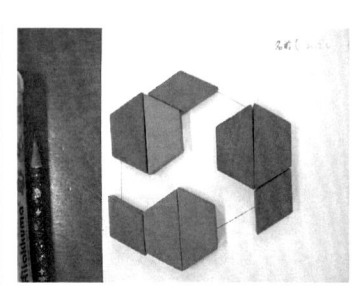

㋒「ろくちゃん」を$\frac{1}{4}$にする。

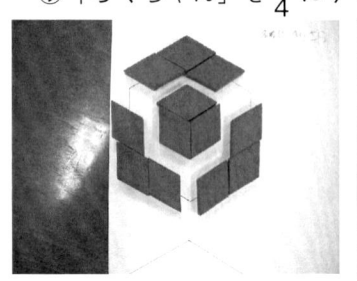

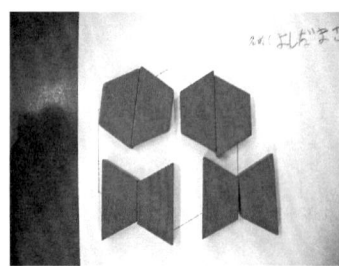

5．実践を振り返って

　当初予想していたとおり，$\frac{1}{2}$，$\frac{1}{3}$までは子どもはすぐ作ることができたが，$\frac{1}{4}$を作ることは苦労していた。ここから，「量として分数を見る」ということが，3年生の子どもにとって簡単なことではないことがわかった。やはり，量分数を扱う前に1時間でも本時のような「量を同じに分けても，分数を作ることができる」という経験をすることが大切だと感じた。

　学習感想には「今までは同じ形に分けないと分数ではないと思っていたけど，同じ量に分けても分数になることがわかった」ということがたくさん書かれていた。子どもの分数の見方を1つ増やせたのではないかと思う。

　前述したが，やはり「わり算」の考えを使うと「量として分数を見る」ことが理解しやすくなると考えられる。本実践では，わり算の式を板書に残すことができなかったが，実践される際は，ぜひわり算の式を板書に残すことをお勧めしたい。

年　　組　　名前

つぎの形の大きさの　　　　　を作ってみよう！

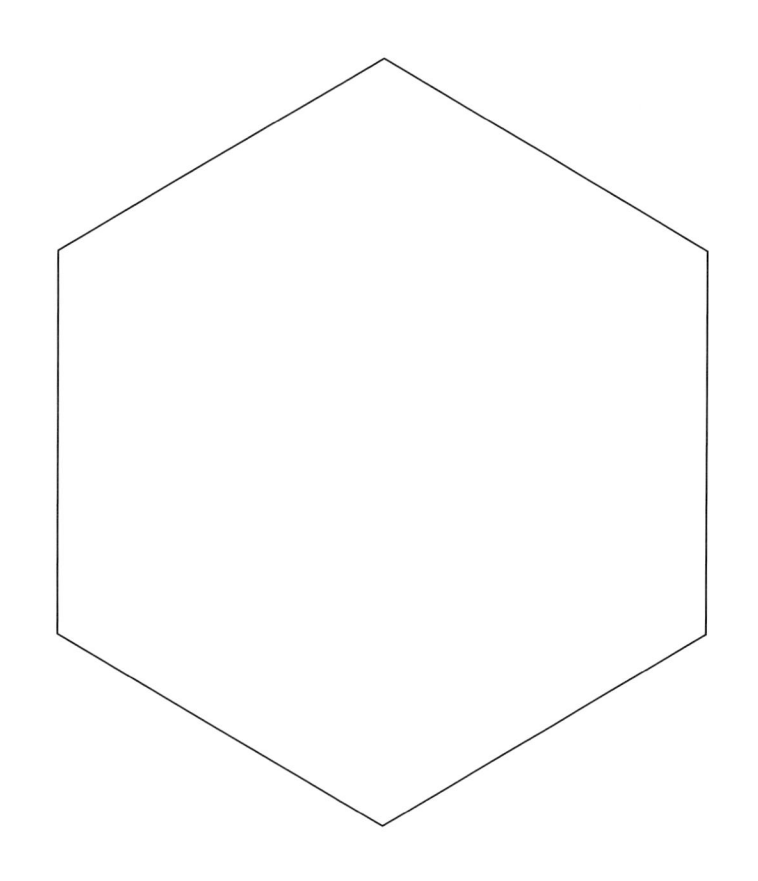

18　3年　表と棒グラフ

ひと目でわかるように比べよう！

1. 活動のねらい

　『平成20年版学習指導要領解説 算数編』では，D 数量関係(3)の目標に，「資料を分類整理し，表やグラフを用いて**分かりやすく表したり読み取ったり**することができるようにする。」という文言がある。つまり，棒グラフを用いる際には，それぞれの量がひと目で見て「わかりやすい」ということが大切であるということである。

　子どもたちがある数を比べる際に，1つずつ数えたり，10個ずつまとめたりという方法があるが，単純に高さで比べるという方法も，普段生活している中でよく見る光景である。パターンブロックは，各色とも厚みが1cmにそろっている。その特長を生かして，1つずつ上に積み重ね，高さで比べることで，どれが一番多いかがひと目でわかりやすいことを感じさせたい。その上で，それを同じようにグラフに表すと「棒グラフ」になるということを導入していけば，より子どもたちにとって，棒グラフのよさが伝わるはずである。

2．活動のポイント

● つかみ取りゲーム

まず各班（1班4人くらい）ごとにパターンブロックの箱を1つずつ配り，つかみ取りゲームをさせる。どの色が一番多く出たか（白，オレンジを除く）を考えていく。

● どのようにして調べるか

①1つずつ（10個ずつ）数える

どれが多いか比べたい時，子どもたちの大半は，ブロックの数を数えるという作業をする。

②他の色に置き換えて考える

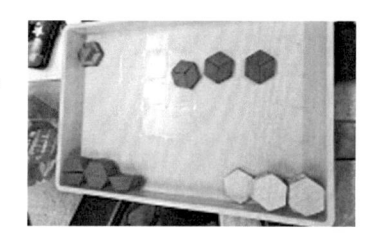

パターンブロックの特長である，緑が2個を青1個に，緑が3個を赤1個に，緑が6個を黄色1個に置き換えることができることを使って，数を比べていく。

③積み重ねて高さで比べる

子どもたちが，普段生活している中で，数を考えずに，ただ単にどちらが多いかを比べたい時は，この高さで比べることが多い。パターンブロックはすべてのブロックの厚さが1cmということもあり，積み重ねて高さで比べられる。このときに強調していかなければいけないのは，厚さをそろえるということである。これが棒グラフの1目盛りを合わせることにつながっていく。

同じ厚さをそろえていない例　　　同じ厚さをそろえた例

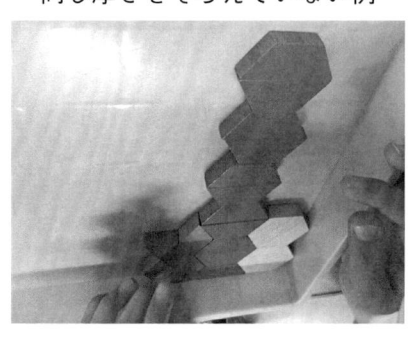

3. 活動の展開

1. つかみ取りゲームをしよう

　「今日は，各班ごとにつかみ取りゲームをしよう」と投げかける。
　「班ごと（1班3〜4人で，同じ人数にそろえる必要はない）に，1人1回ずつ片手でつかみ取りをして，お道具箱の中に入れる」ということだけを子どもたちに伝え，この段階では，明確なルールは伝えない。その理由としては，数を比べることを伝えてしまうと，つかみ取りが終わった班から，「数える」という活動に入ってしまい，その後の活動で「高さで比べる」という意見が出にくくなる可能性があるからである。
　1人1回ずつ終えたら，使う色は，黄色，赤，青，緑だけで，白とオレンジは使わないので，箱の中に戻すように伝える。

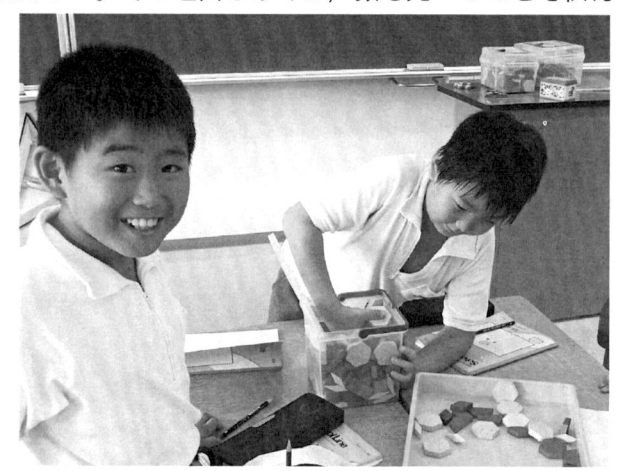

2. どの色が一番多くとれたかな

　ルールは，「＿＿＿色を一番多くつかんだ班はラッキー」
　　　　　　↑ここは，授業の終わりに子どもたちに知らせる。
　教師側の事前の準備として，中身の見えない箱の中にパターンブロックを1つだけ（黄，赤，青，緑のどれか）入れておき，「この中に1つだけブロックが入っていますが，それと同じ色が一番多かった班が今日はラッキーだよ」と子どもたちに伝える。
　写真のように，事前に選んだ1つのパターンブロックを，授業の最後に発表すると，子どもたちはより盛り上がるだろう。

3．一番多い色を見極める方法を考えよう

「どのようにしたら，何色が一番多いか見極められるかな？」
と投げかけ，一番多い色は何色かを見極める方法を班ごとに考えさせる。

①数える
　道具箱の四隅に色ごとに分けたり，黄色の上に他の色をのせて，1対1対応して，数える。

②パターンブロックの特長を生かす
　黄色が1個と，赤が2個と，青が3個と，緑が6個は，どれも同じ大きさであるということを生かして，黄色の大きさにそろえて，黄色が幾つ分かを考える。

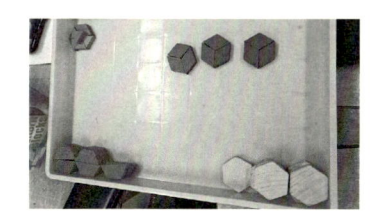

③積み重ねる
　すべての色の厚さが同じであることを生かして，大半の子どもたちは，上に積み重ねる活動をするだろう。
　中には右の写真のような間違いをする班もあるだろう。しかし，これでは比べられないことを確認することにより，同じ厚さであることの必要性を子どもたちに感じさせることができる。

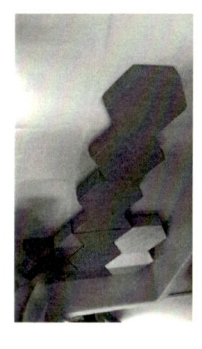

4．ぱっと見てわかるには…

　ある数量の大きさを比べる時，「数で正確にわかる」のではなく，「高さでぱっと見てわかる」ための道具として，棒グラフというものがあることを教え，そのかき方について次時に指導していく。

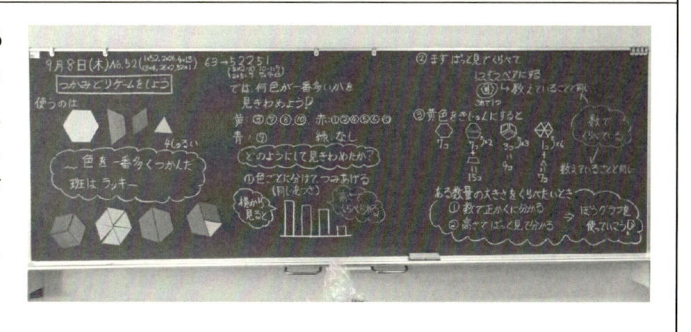

4．次時の活動（発展的な扱い）

次時に，もう一度，同様の「つかみ取りゲーム」をさせる。

前時の活動3の①の「数える」，②の「パターンブロックの特長を生かす」ことは，**「数で正確にわかる」**方法であり，③の「積み重ねる」ことは，**「高さでぱっと見てわかる」**方法である。この2つの特徴を用いたものとして，「棒グラフ」というものがあることを教えていく。

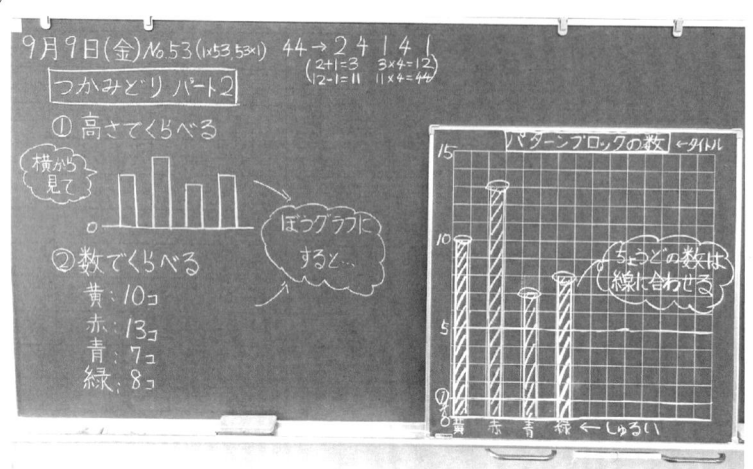

各班ごとに活動させていくが，棒グラフのかき方を指導する時には，「例えば，この数でまずグラフをかいてみよう」という投げかけをして，みんなで同じグラフをかく練習をした方がいいだろう。その上で，「では，今度は自分たちの班のブロックを棒グラフに表してみよう」と投げかける。これにより，かき方を理解できているかの確認もできる。

さらに授業を進めていく上で，次のような展開も考えられる。

「クラス全体で，どれくらいのパターンブロックをつかみ取ったのだろう？」と，各班が取った個数をたし合わせて考える。

例えば，

黄色：118個，赤：119個，青：88個，緑：38個の場合

「この場合はどのようにグラフをかいたらいいのだろう？」と投げかける。

そうすることで，子どもたち自身から，「1目盛りの大きさを変えればいい」とか，「省略すればいい」などの言葉を引き出すことができ，数が大きくなったときの棒グラフのかき方も教えられる。

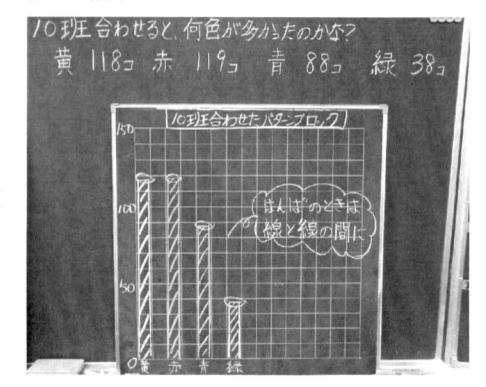

年　　　組　　　名前

〈それぞれ何個つかんだのかな？〉

色	個数
みどり	
あお	
あか	
きいろ	

〈グラフにしてみよう！〉　※緑色の例のように点線の間に色をぬりましょう

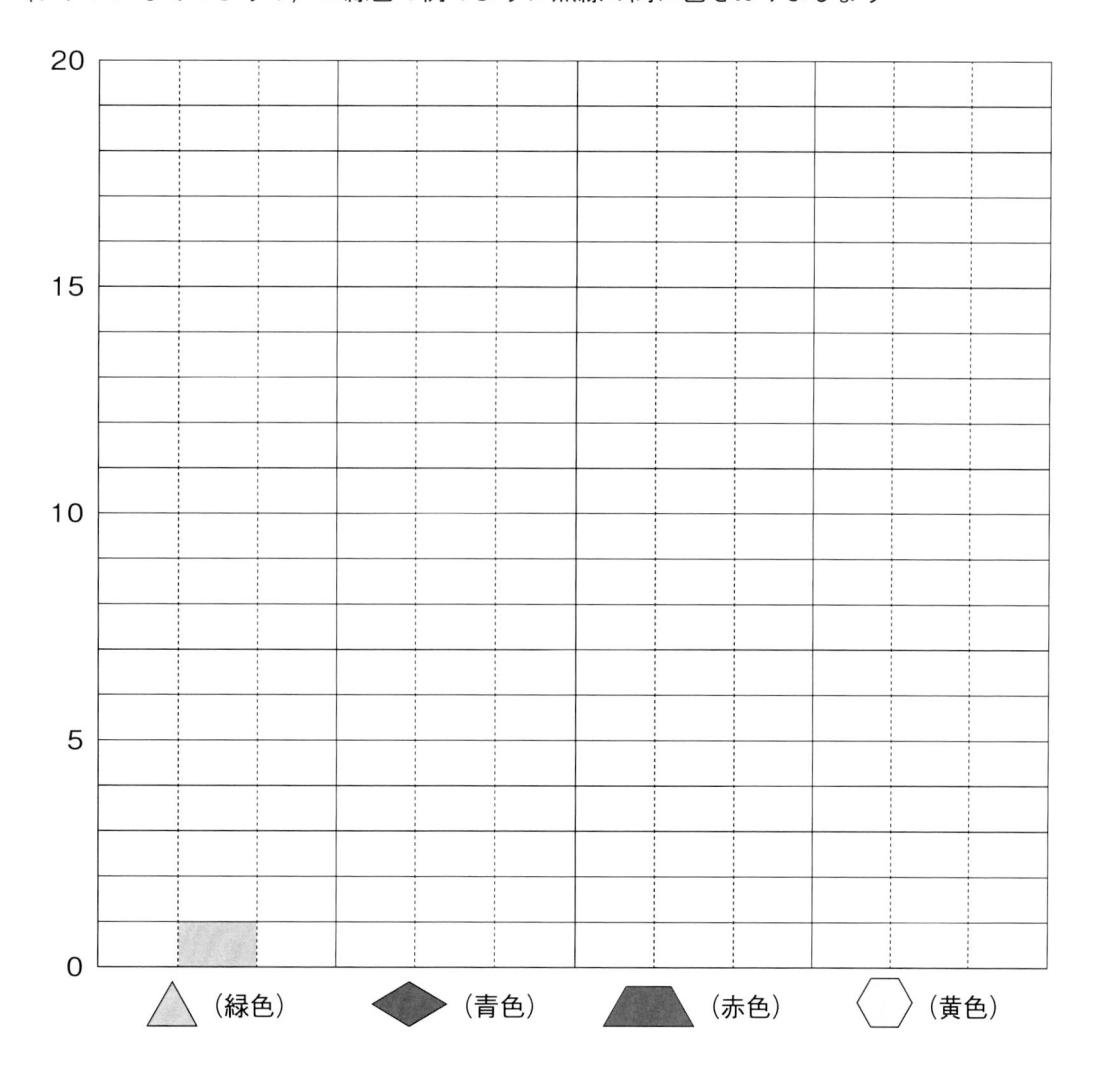

△（緑色）　◆（青色）　⬟（赤色）　⬡（黄色）

19 正三角形の大きさを式で表そう！

3年　図を使って考えよう

1. 活動のねらい

　『平成20年版学習指導要領解説算数編』における，第3学年の内容のD数量関係に「式と図の関連付け」という項目がある。「式の指導において，具体的な場面に対応させながら，数量や数量の関係を式に表すことができるようにするとともに，式が表している場面などの意味を読み取ったり，式を用いて自分の考えを説明したり，式で処理したり考えを進めたりするなど，式を使いこなすことができるようにする。」と書いてある。

　第3学年では，角と三角形の単元の中で，正三角形について学習する。そこでパターンブロックを用いて正三角形を作り，その正三角形の大きさを表す方法を考えさせる。正三角形の大きさを式で表すことにより，いつでも緑幾つ分かの数で表すことができ，またその式をよみ取ることにより，どんな模様なのかを想像できる子を育てていきたい。

19 3年 図を使って考えよう

2．活動のポイント

● 同じ大きさの正三角形を作ろう

子どもが自由に作った正三角形の中から，1つ取り上げて，「**まず，同じものを作ってみよう。そしてその正三角形と同じ大きさの正三角形を作ってみよう**」と投げかける。

本当に同じ大きさかどうかを，確かめる。

重ねて，確かめる　　緑幾つ分かで考える

● 作った正三角形を式で表す

緑9つ分で表せる正三角形を式で表す方法を考える。

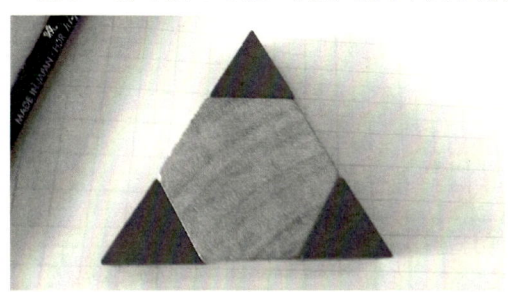

1×3+6×1＝9

1×2+2×2+3×1＝9

● 式から模様を想像させる

今度は，緑25個分の正三角形を最少のピースで敷き詰めることを考えさせる課題を基にして，式から模様を考える。

式：1×1+3×4+6×2＝25

から図を作らせると，右のような模様ができる。

123

3．活動の展開

1．パターンブロックを使って，自由に正三角形を作ろう

　パターンブロックの緑，青，赤，黄色の4種類のみを使って，自由な大きさの正三角形を作らせる。緑1個でも正三角形なので，それに気が付いた子もおおいに褒めるとよいだろう。

2．同じ大きさの正三角形を作ろう

　1の活動で，子どもが作ったものの中から1つ取り上げ，それと全く同じもの（図1）を作らせる。
　その上で，「この正三角形と同じ大きさの正三角形を作ろう」と投げかける。

（図1）

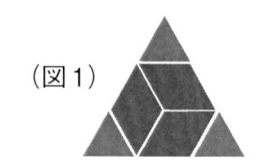

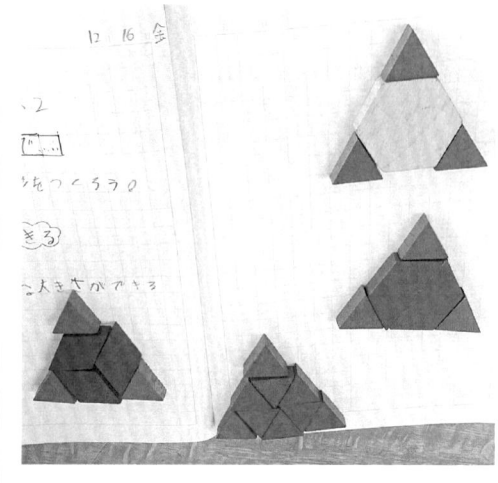

3. 本当に同じ大きさなのかな

　図1と同じ大きさの正三角形なのかどうかを確かめるために，
「本当に同じ大きさなの？　どうやって確かめたの？」と投げかける。
　活動2の中で，先ほど作った正三角形を基にして，その上に積み重ねることで，確かめながら作業する子もいるだろう（左下の写真）。
　また，すべて緑で作り，緑幾つ分かで考える子もいる（右下の写真）。

4. 正三角形の模様や大きさを式で表そう

　図1と同じ大きさの正三角形は，すべて緑9つ分で表すことができることから，その他の模様も式で表せないかを考える。
　その際にまず，緑を1とすると，他の色をどのように表すことができるかを押さえておくとよいだろう。

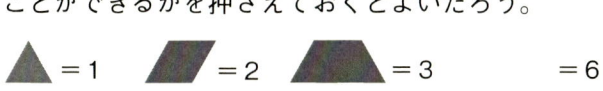

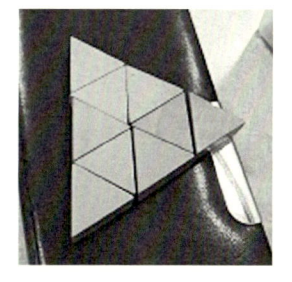

▲ = 1　　▬ = 2　　▰ = 3　　　　= 6

例えば，

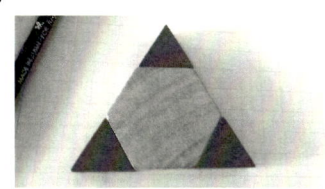

（1×3+6×1=9）　　　（1×2+2×2+3×1=9）
緑3つ　黄色1つ　　　緑2つ　青2つ　赤1つ

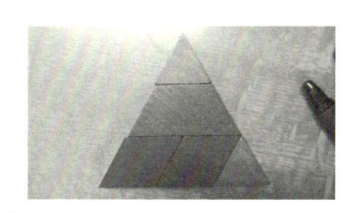

などのように表すことができる。
　すると，いつでも答えが9になることに気が付くだろう。
　「この9は何を表しているのかな」と尋ねると，「緑だけで表すには，緑が9つ必要である」という答えにつながる。
　つまり，同じ大きさの正三角形かどうかを確認するためには，このように式と答えに表すことも，1つの方法であることが理解できるだろう。

4．発展的な扱い

さらに次のような活動を授業の最後に加えても面白いだろう。
「この25の大きさの正三角形を，最も少ないピースで敷き詰めるには，幾つ必要だと思う？」と投げかける。

まず予想をさせてみると，「5個」と答える子が多い。理由を尋ねてみると，「最も少なくするには，黄色のピースをなるべく多く使えばいいのでは」と考え，

「25÷6＝4あまり1」
　　　　黄色の数　　緑

よって，4＋1＝5個と答える。

しかし，実際にやってもらうと，黄色が4つ入らないことに気が付くだろう。それでも，黄色をなるべく使えばいいと考え，右の写真のように埋めて，10個と答える子が多い。式 1×7＋6×3＝25となり，確かに25になることも確認する。

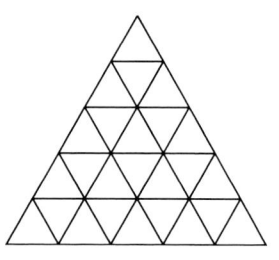

しかし，いろいろ試してみると，9個，8個でもできることに気が付いていく（この授業の目的は，式で表すことなので，作ったら，その下に式を書かせてから，別なものを作るように指示をする）。

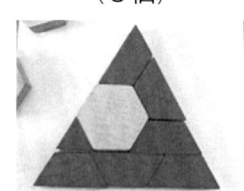

（9個）　　　　　　　　（8個）

1×3＋2×2＋3×2＋6×2　　　1×1＋3×6＋6×1

さらに，7個（最少）でできることにも気が付くだろう。しかし，全員が7個で作れているわけではないので，作れた子に式を発表させる。

「1×1＋3×4＋6×2＝25」

この式を基にして，7個に挑戦してみようと投げかけると，その後，最少個数である7個で作れる子が増えていく。

5．板書

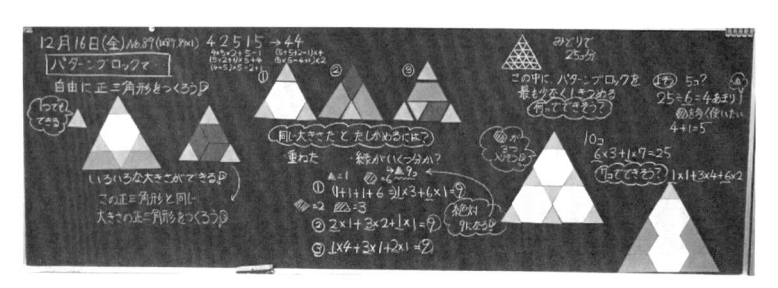

年　　組　　名前

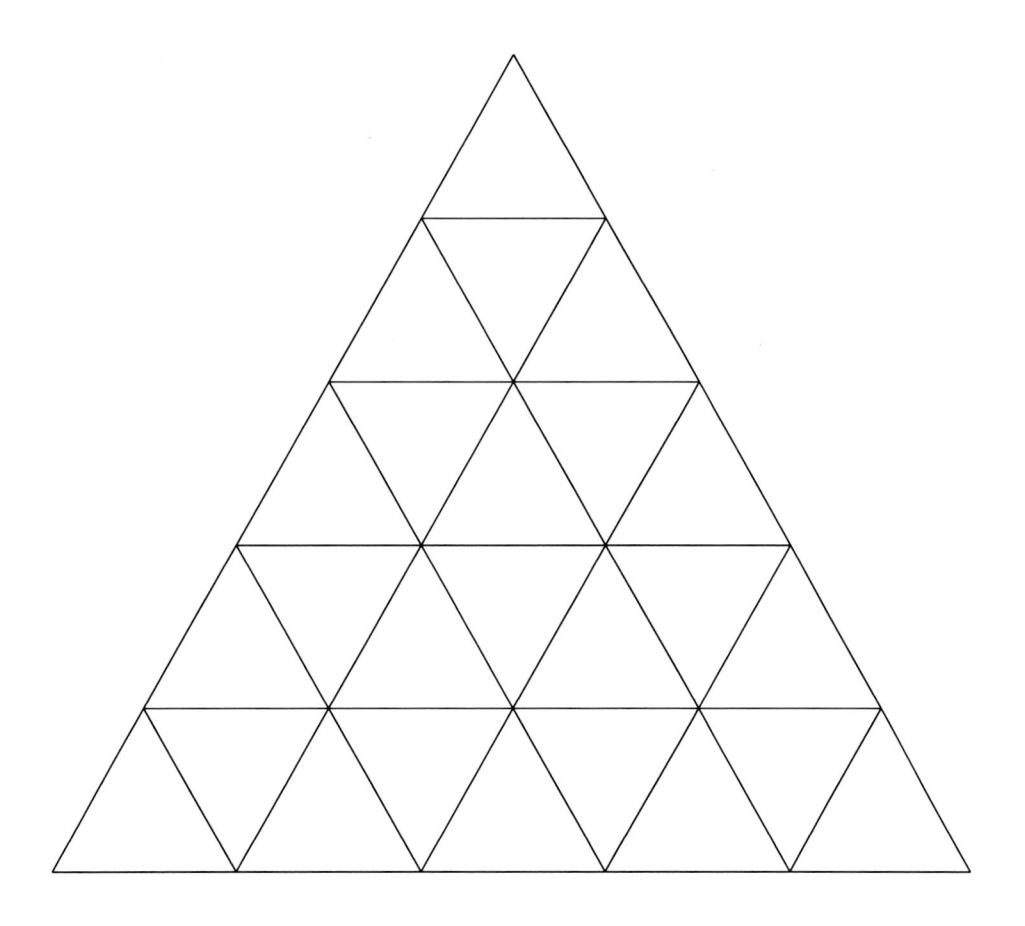

作ったもようを式で表そう！

20 サッカーボールに色を塗ろう！

3年　トピック

1．活動のねらい

　本時のねらいは，「形を量としてとらえる」という考え方を養うことにある。まず，「サッカーボール（P133参照）に色を塗るためには，何枚のパターンブロックが必要か」について考える。色を塗る時は，1色しか使えないルールにして，黄色・赤・青で作り，それぞれ1×6，2×6，3×6という式で表す。

　次に，「黒い部分をなくしたサッカーボールに色を塗るには，何枚のパターンブロックが必要か」を考える。赤だと18枚で作ることができる。では，黄色だと何枚で作れるだろうか。黄色1つ分は赤の2倍なので，半分の9枚で作れるはずである。しかし，形が合わずにできない。そこで，「黄色9枚ではできないけれど，9枚分なら作ることができる」と，形から量に見方を変えるところが，本時で期待したい子どもの反応である。

　本時は，4年生以降で学習する面積の素地指導になると考えている。1年生にも「広さ比べ」があるが，広さを比べるのは正方形か長方形であることが多い。正方形や長方形でなくても，形を量としてとらえることができることを学ばせたい。

2．活動のポイント

● パターンブロックの個数をかけ算の式で表す

　導入の段階で，サッカーボールに見立てた形を提示し，白い部分にパターンブロックを並べるという活動であることを伝える。1色しか使ってはいけないというルールを確認した上で，黄色・赤・青を使うと何枚で並べられるかを調べる。

　そこで黄色1つの広さを「1つ分」ととらえ，それが6つ分あるということが理解できるようにしたい。そのために，黄色・赤・青で作った個数を答える際，「式で表すことはできるかな」と問いかけ，それぞれ1×6，2×6，3×6という式を導き出すようにする。

　そうすることで，「1つ分」「幾つ分」ということを子どもに意識させ，後半の「形を量に置き換える」という考え方に結び付けられるようにする。

●「黄色9つではできない」という場面を作る

　黄色が赤の2倍の広さになっていることから，赤18枚で作ることができた形は，黄色9枚で作れることがわかる。しかし，並べてみると黄色9枚ではできない。ここで終わりにせず，「何か工夫することはできないのか」と考えさせることが，本時の最も重要なことである。

　形を量としてとらえ，見方を変えるのである。これは活動自体を変えることになるので，全員が理解できるようにさせたい。

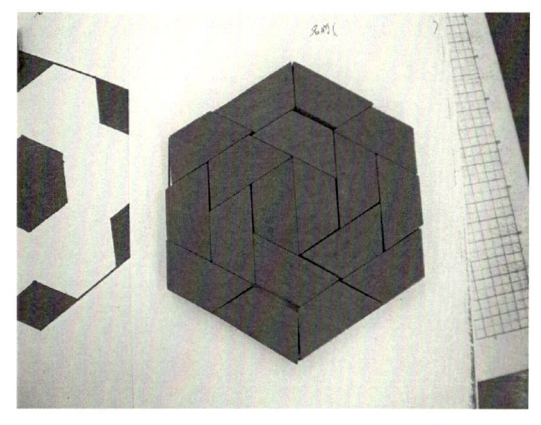

　具体的には，「黄色だけを9枚使って敷き詰めることはできないから，黄色9枚分の広さになるように，様々な色を使って敷き詰める」という活動に変えるのである。そして，黄色9枚で敷き詰めることはできなかったが，黄色9枚分の広さと同じになるだけのパターンブロックを使えば敷き詰めることができるということに気付かせるのである。

3．活動の展開

1．サッカーボールに色を塗ろう

　「何に見えるかな」と問いかけながら，サッカーボールに見立てた形を提示する。すかさず，子どもは「サッカーボールだ」と反応する。提示した形を「サッカーボール」として，「今，このサッカーボールは白だけど，色を塗ろうと思っています。できるかな」と問うと，「できるできる」と返ってくる。ここで，このサッカーボールはパターンブロックで作った形であることを伝えるとともに，1色だけで塗るというルールも押さえる。塗る色は子どもに決めさせる。黄色・赤・青（時間的な余裕があれば緑も）のどの色でもよい。実際の授業では，子どもたちは赤色を選んだ。

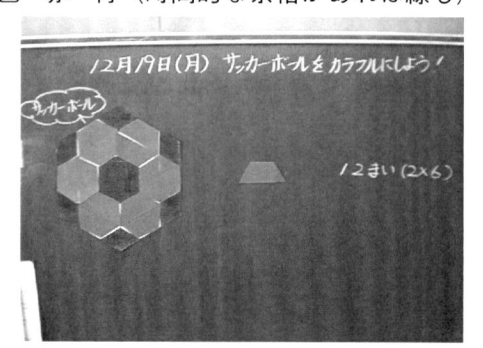

　みんなができたところで，黒板に赤のパターンブロックを使って並べてもらった。全部で12枚になっていることを確認し，「これを式で表すことはできるかな」と問い，「2×6」という式を出させた。ここで，黄色1つの広さを「1つ分」とし，それが「6つ分」あるという場面を押さえる。

2．他の色も使って，それぞれ何枚で色を塗れるか考えよう

　最初に使った色とは違う色でも塗ることができるのか考える。本実践では，赤から始めたので，次に青，その次に黄色の順で塗っていった。この際，2つ心掛けておきたいことがある。1つ目は，前述した「かけ算の式で表す」ということである。「1つ分」「幾つ分」をしっかりと意識できるよう，その様子を式に表すことが重要である。2つ目は，「枚数を予想する」ことである。並べてから枚数を数えるのではなく，「1つ分」と「幾つ分」を理解していれば，「黄色1枚の広さに○枚入るから，それが6つ分で□枚だ」と考えさせるようにする。そうすることで，本時の場面を，形だけでなく，量としてもとらえられるはずである。

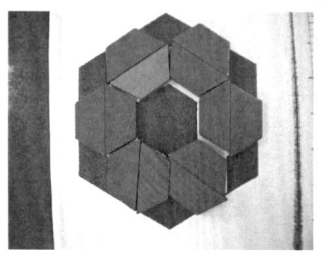

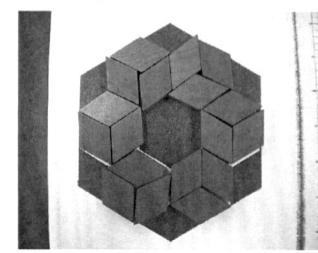

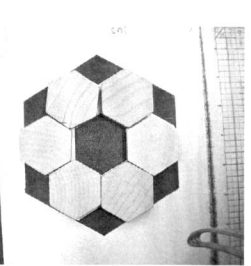

3．白いボールは何枚で塗ることができるのか考えよう

　先ほどのサッカーボールと外枠は同じで，黒い部分をなくした正六角形を提示し，「今度は，真っ白なサッカーボールを用意しました。これも塗れるかな」と問い，何色で塗るか話し合った。その中で出てきた「赤」を取り上げ，まずは赤で塗った。並べてみると，すぐに18枚だとわかった。

　次に，「これを黄色で塗ることはできるかな」と問いかけると，これも「できる」という反応が返ってきた。そこで「何枚で塗れそうかな」と聞くと，「赤2枚で黄色になるから，半分の9枚でできる」という答えや，「黄色が7枚並ぶのはすぐわかるから，残りの部分をたすと，黄色2枚分になる。だから，7+2=9で，9枚でできる」という，量の見方を使って考えた反応も出された。

　黄色で塗る活動に入ると，間もなく「できない」という声が上がる。9枚ではできないことを活動を通して確かめ，「黄色9枚ではできないようだけど，何か工夫してできないか」を考えさせる。その話し合いの過程で，「黄色9枚ではできないけど，9枚分ならできる」という言葉を子どもから引き出す。

4．「黄色9枚分」って，どういうことか考えよう

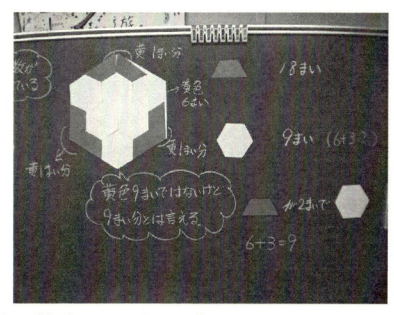

　黄色9枚ではなく，「9枚分」ということの意味を考える。「広さ」や「量」といった言葉を引き出すことは難しいが，「9枚分」という言葉で多くの子どもは「量」を意識して問題をとらえ直すことができる。

　子どもが作った作品を基に「9枚分」の意味をみんなで考える。写真を例に説明すれば「赤が2枚で黄色1枚分になる。赤2枚のところが3か所あるから，それで黄色3枚分になる。それと黄色が6枚あるから，合わせて6+3=9になる。だから，黄色9枚分で塗れる」ということである。

　「9枚分」ということをみんなが理解した後，各自で白いサッカーボールを塗っていく。黄色9枚では塗れなかったが，黄色・赤・青・緑を自由に使ってカラフルにサッカーボールを塗っていく。そうすると，あちこちで「黄色9枚分になった」という声が聞こえてくる。

4．子どもの作品

子どもが考えた，様々な「黄色9枚分」の作品。

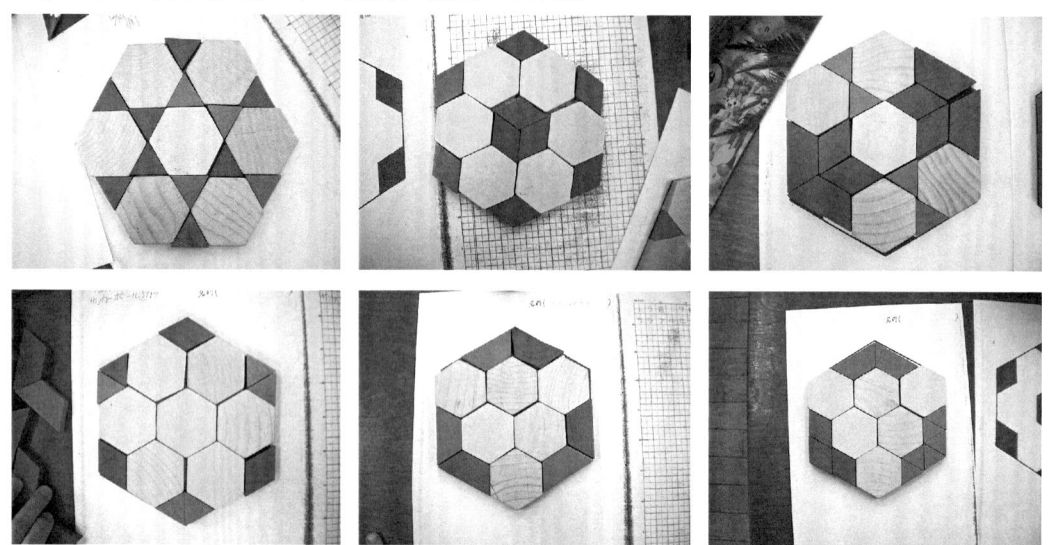

5．実践を振り返って

　本実践を振り返ってみると，「形を量としてとらえる」という考え方に触れさせることができたのではないかと思う。

　「黄色9枚ではできないが，9枚分ならできる」ということを考えるためには，それまでの「1色で塗る」というルールを変えなければできない。そこが授業展開で気を付けなければならない点である。通常は「それはルールとは違うことだから認められない」とするところを，「ルールを変えればいい」と発想することはなかなか難しいことである。しかし，「黄色9枚でできないから，他の色も使って塗ろう」と，自然と他の色も使おうとする子どもの方が多い。

　「9枚ではできないけど，9枚分ならできる」という声が出ない場合でも，他の色を使って塗ろうとしている子どもの考え方を取り上げ，「なぜ黄色以外の色も使おうと思ったの」と問い，徐々に「9枚分」という量の見方に迫っていけるようにする。

　本実践は，3年生で行ったものだが，2年生でも実践できると考えられる。2年生で実践される場合は，九九の学習が終わった段階で行えば，「1つ分」と「幾つ分」を意識した学習ができるはずである。また，4年生で乗除先行の学習をし，場面を1つの式に表す授業で，「黄色9枚分の作品を1つの式に表す」という実践も可能だと考える。

※白いサッカーボールは，黒い部分を消し，外枠だけを残してお使いください。

年　　　組　　　名前

白い部分を何枚でぬれるかな。

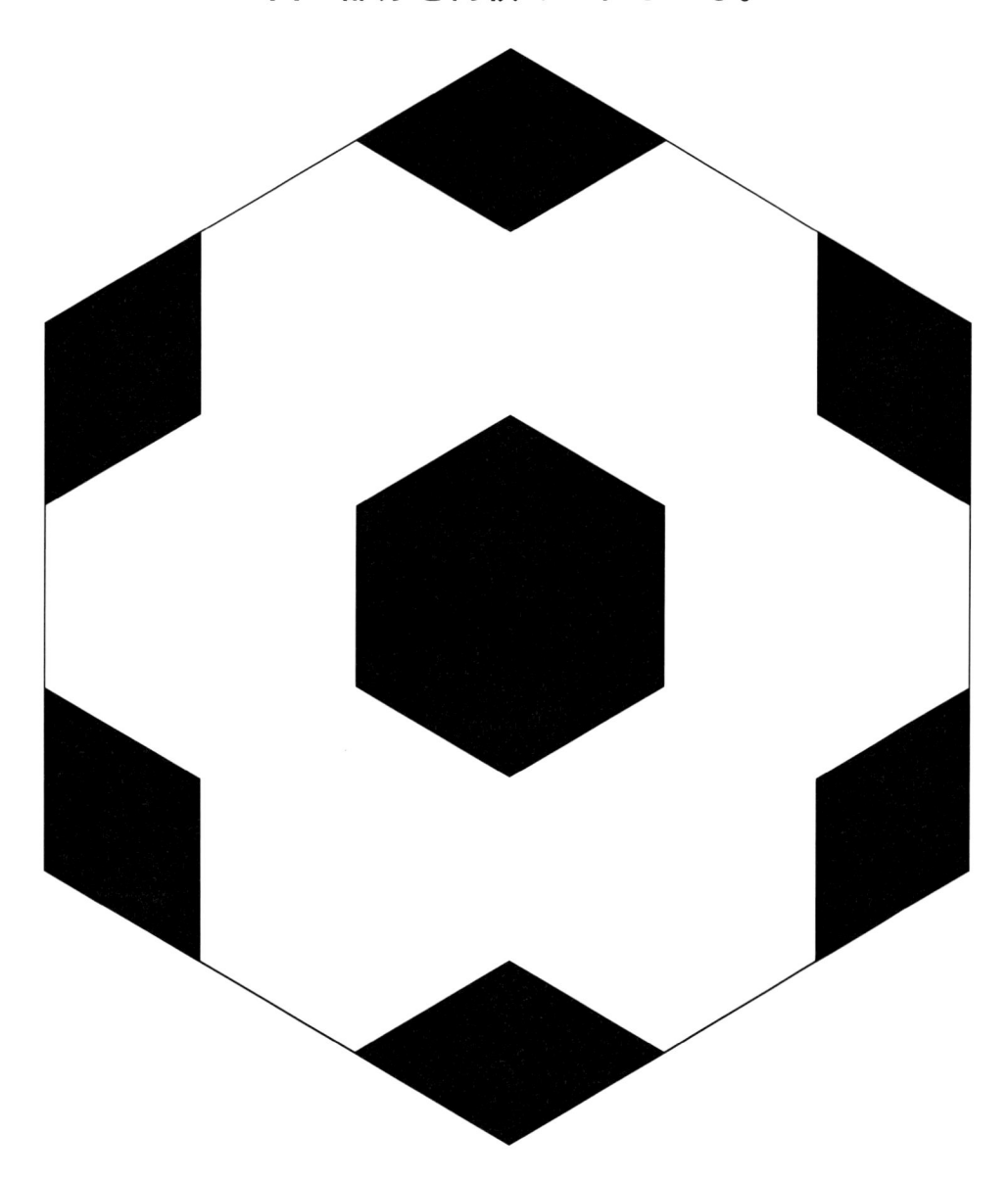

[編著]　　　　　　　　　　　　　　　　　　　　　　　　　　　　[執筆個所]

盛山　隆雄　筑波大学附属小学校教諭 ………………………………… 第1章，第2章－3，7，8，13

[執筆]

倉次　麻衣　暁星小学校教諭 ……………………………………………… 第2章－1，6

長嶺　祐介　神奈川県川崎市立登戸小学校教諭 ……………………… 第2章－2，4

夏坂　哲志　筑波大学附属小学校教諭 ………………………………… 第2章－5

加固希支男　東京都墨田区立第一寺島小学校教諭 …………………… 第2章－9，10，17，20

松瀬　仁　　鎌倉女子大学初等部教諭 ………………………………… 第2章－11，14

西井　良介　三重県名張市立赤目小学校教諭 ………………………… 第2章－12

山本　大貴　暁星小学校教諭 ……………………………………………… 第2章－15，16，18，19

パターンブロックで
「わかる」
「楽しい」 下 学年
1〜3年
算数の授業

2012(平成24)年7月20日 初版第1刷
2024(令和 6)年2月16日 初版第3刷

［編著者］盛山隆雄
［発行者］錦織圭之介
［発行所］株式会社 東洋館出版社
　　　　〒101-0054
　　　　東京都千代田区神田錦町2丁目9番1号
　　　　　　　コンフォール安田ビル2階
　　　　代　表　電話 03-6778-4343／FAX 03-5281-8091
　　　　営業部　電話 03-6778-7278／FAX 03-5281-8092
　　　　振替 00180-7-96823
　　　　URL https://www.toyokan.co.jp

［装　幀］水戸部 功
［印刷・製本］藤原印刷株式会社

ISBN978-4-491-02824-8　Printed in Japan

新学習指導要領の算数的活動（ハンズオンマス）に最適！ ますます大好評！

Pattern Blocks パターンブロック

☆小学校算数科教科書に掲載
☆新学習指導要領算数で最重視される算数的活動に最適
☆国立大学附属小学校・有名私立小学校で採用
☆高品位木製、楽しく学べて永く使える

教師用マグネット付パターンブロック

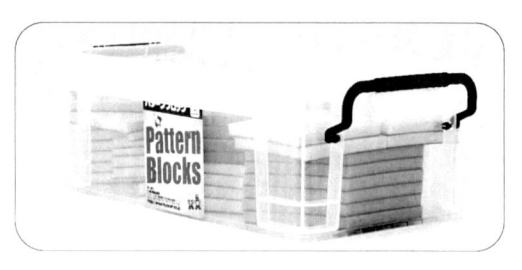

49ピース（1辺7.5cm、木製の3倍）発泡ポリエチレン製。軽くソフトなパターンブロックの裏にマグネットが付いており、黒板に貼り付けて使えます。サイズが大きいので教室の後ろからでもよく見えます。一斉指導では必須のアイテムです。

パターンブロック P250

パターンブロック商品紹介

商品名	規格	税込定価
パターンブロックP250	木製 1辺約2.5cm　6種類　250ピース 角型プラスチックケース入り　JAN4582189080012　ISBN9784491014005	4,725円
教師用マグネット付 パターンブロック	発泡ポリエチレン製 1辺約7.5cm　6種類　49ピース 角型プラスチックケース入り　ISBN9784491014098	8,400円
パターンブロック入門パック	木製 1辺約2.5cm　6種類　50ピース 袋入り　JAN4582189080029　ISBN9784491014067	1,575円
パターンブロック ファーストステップボックス	木製 1辺約2.5cm　6種類　150ピース　タスクカード・解説書付 化粧ケース入り　JAN4582189080036　ISBN9784491020921	3,990円

パターンブロックは、新理振基準の品目（小学校算数・平面図形構成用具）に該当いたしますので、国庫補助の対象となります。また、1個または1組のご購入価格が小学校で1万円未満、中学校で2万円未満のものは、地方交付税による措置の対象となります。

東洋館出版社　〒113-0021　東京都文京区本駒込5丁目16番7号
TEL: 03-3823-9206　FAX: 03-3823-9208
URL: http://www.toyokan.co.jp

twitter @Toyokan_Shuppan